统计科普丛书

无处不在的统计（一）

WUCHUBUZAI DE TONGJI

中国统计学会 编

中国统计出版社
China Statistics Press

图书在版编目(CIP)数据

无处不在的统计. 3 / 中国统计学会编. — 北京：中国统计出版社，2013.9
ISBN 978-7-5037-6919-1

Ⅰ. ①无… Ⅱ. ①中… Ⅲ. ①统计学－普及读物 Ⅳ. ①C8-49

中国版本图书馆 CIP 数据核字(2013)第 196115 号

无处不在的统计（三）

作　　者	中国统计学会
责任编辑	徐　颖
封面设计	杨　超　李雪燕
出版发行	中国统计出版社
通信地址	北京市丰台区西三环南路甲 6 号　邮政编码/100073
电　　话	邮购(010)63376909　书店(010)68783171
网　　址	http://csp.stats.gov.cn
印　　刷	河北天普润印刷厂
经　　销	新华书店
开　　本	710×1000mm　1/16
字　　数	100 千字
印　　张	9.75
版　　别	2013 年 9 月第 1 版
版　　次	2013 年 9 月第 1 次印刷
定　　价	28.00 元

版权所有。未经许可，本书的任何部分不得以任何方式在世界任何地区以任何文字翻印、拷贝、仿制或转载。
中国统计版图书，如有印装错误，本社发行部负责调换。

《无处不在的统计(三)》编委会

总 顾 问 马建堂

顾　　问 张为民　罗　兰　徐一帆
　　　　　　谢鸿光　许宪春　李　强
　　　　　　郑京平　鲜祖德

主　　编 潘　璠

副 主 编 石方川　许亦频　孙学光

编辑部主任 孙继伟

编　　辑 王卫东　孙娜娜　毕宁宁

编者的话

《无处不在的统计（三）》就要和读者见面了。在本辑编辑期间偶然遇到一位小读者。她提了一个问题"统计真的无处不在吗？"我们无法从国民经济发展、国家管理需要的角度向她解释，那么该怎么说呢。灵机中编者反问她，"你知道什么是统计吗？""当然！"她朗声答道，"我们小学的课程里就有统计，我们还做过问卷调查呢。""那很好呀！说明你体验过统计的全过程。那你知道盘算、掂量这些词吗？在我们日常生活中，无论做什么事，都要事先盘算盘算、掂量掂量。你不觉得这也很像一个统计的过程吗？特别是这些词中都至少有一个和数相关的字。""噢！"小读者若有所思："统计真的是无处不在呀！"

也许是巧合，在这一辑中，我们能看到更多身边事中的统计趣解，如"网购"、"打折促销"、"加多宝广告"、"离婚率"等等。这是本辑的一个特点。

这一辑的另一个特点是聚焦新热点——"大数据"。什么是大数据似乎没人能说得清、说得准，而今天信息

 无处不在的统计（三）

技术的发展，让数据就像空气一样无时无刻不在我们身边。意识到它的存在，或没有意识到，应用它或不用，大数据就在那里。借这本科普读物对这个新热点先知先觉些点滴，或许让您不会错过机会。

这一辑中还能看到CPI、GDP、ICP这些"老朋友"。但这回换了新角度，故事新、笔法新，也可以说是"新瓶装老酒"，别有一番"滋味"。

这些特点的汇总也许让我们更接近统计科普的本来意图。

当然，倡导统计科学精神，增强公众统计科学意识，传播统计科学基本常识，解读统计工作基本原则与方法仍是我们的宗旨；让人们拥有统计常识，具备统计理念，以至享受统计中的乐趣是我们的出发点；能够集科学性、思想性和艺术性于一体，浓缩统计科学发展的历程，展现当今统计科学最新进展，回答人们普遍关注的统计科学命题是我们的工作目标；让更多的人参与统计科普是我们努力的方向。

目录

透过指标看经济……………………………彭道宾（1）
由若干企业指数曲线所想到的……………潘 璠（8）
大数据时代下的政府统计…………………姜 澍（11）
数据如水
　——漫谈统计推断、数据挖掘和大数据……刘 凡（19）
统计的误用和滥用…………………………刘政永（24）
也谈统计陷阱………………………冯 沛 袁生鹏（27）
统计思想方法在网购中的应用……………范 超（32）
打折促销　谁笑到最后
　——统计指数在生活中的应用……………陈焰华（37）
加多宝"销量篇"广告背后的统计思考……陶 然（44）

抽样调查方法的妙用…………………………侯延军（51）
神奇的关联分析………………………………华　锐（56）
游戏中的统计推断逻辑：点估计………………黄恒君（59）
天算不如人算
　　——趣谈概率思想……………………曾　旦（66）
条件概率判断历史悬案………………………金　明（71）
从"五年生存率"谈起…………………………夏乐敏（77）
"离婚率"：让你认识真实的我…………………刘　茜（80）
不妨看一些统计科普书………………………李亚杰（84）
让汽车载你驶近GDP………牛文辉　彭　程　耿　兵（90）
国民经济核算是不是统计……………………高敏雪（96）
让文化软实力硬起来…………………………张启良（101）
IDI：信息化社会的指向标……………………孙继伟（108）
平均数的陷阱…………………………………汪　为（115）
几何平均数与调和平均数那点儿事……………邓卫平（120）
分之为资源　混之为垃圾
　　——浅谈统计分类及分组………………王国钧（125）
走近ICP………………………………………宋宝琳（128）
此失业率非彼失业率…………………………褚　光（132）
回归分析方法你用对了吗……………………孙娜娜（136）
完全需要系数定额的"巨大威力"………………宋　辉（142）

透过指标看经济

彭道宾/文

不同国家、不同地区、不同时间的经济状况和人的身体状况相似,有高有矮、有大有小、有好有差、有强有弱、有胖有瘦,而且每年、每月、每天、甚至每时都在变化着。要了解经济运行状况是否健康?是否存在成长中的烦恼?需要有像温度计、听诊器、B超、CT那样的观测器械来诊断。对经济肌体而言,统计就是一种科学的诊断工具,要正确地分析判断经济形势,必须从统计指标入手。

但统计指标成千上万,而且,很可能不同指标提供的信息会对经济形势的判断作出不同的解释。例如,同一年里,从GDP增长情况来看经济发展势头不错。与此同时,失业率上升,又发出了经济不够景气的信号。因此,我们在分析经济形势时,要善于抓住主要矛盾,找出一些关键性的指标进行观察分析,作出综合判断。

无处不在的统计（三）

看总量指标

经济运行状况主要是通过经济增长的加速或减速，就业规模的扩大或缩小，价格水平的上升或下降，以及国际收支的增加或减少等方面集中反映出来，而衡量上述变化的主要指标就是GDP、失业（就业）率、价格指数、国际收支平衡状况。这4类指标是国民经济最重要的变量，彼此相互联系、相互影响，而且难以同时达到人们期望的理想状态，被经济学界称之为"神秘的四角"。不管哪个国家，不管什么体制，分析经济形势都要用到这4类指标。我国宏观调控的主要目标就是促进经济持续健康发展、增加就业、稳定物价、保持国际收支平衡。

一是看GDP。经济增长是衡量经济发展的主要指标之一，是经济实力增强的重要体现。观察经济增长的最常用指标，是GDP及其增长速度。GDP即国内生产总值（Gross Domestic Product）的英文缩写，省及省以下称地区生产总值或生产总值，是一个国家或地区在一定时期内所生产的全部最终产品和劳务的价值总和，是世界上公认的衡量一个国家或地区经济状况，综合反映一个国家的国力和财富最有代表性的指标。诺贝尔经济学奖获得者萨缪尔森把GDP称为"20世纪最伟大的发明之一"。它是反映经济变化的一面"镜子"，是制定和检验经济政策的一把"尺子"。和其他任何经济指标一样，它不是全能的，也存在一些缺陷和局限。GDP衡量经济活动的尺度是市场价格，家务劳动、自给自足性生产等是不能计入的。一个保姆，在雇主家挣的钱要计算，而雇主的夫人干同样的活则不计算；GDP不能反映国民净福利，比如挖个坑花50元，再填平又花

50元，表现为GDP增加100元，而国民实际福利增加为零；GDP不能反映资源环境和变化，比如只要采伐树木GDP就会增加，但过量采伐会使森林资源减少，生态环境恶化，但GDP不会考虑相应的代价；GDP不能反映幸福程度，GDP核算的最终产品，有些往往与幸福无关。假如一个国家要更多地生产大炮，更少地生产黄油，显然不能增进人民幸福。假如人们一年到头忙于生产经营活动，没有时间与家人团聚，享受天伦之乐，那么，幸福感也不会增加，尽管社会上对GDP褒贬不一，但目前还没有哪个经济指标能够取而代之，关键是要正确使用。

统计的精髓是比较，有比较才有鉴别。对任何一个经济指标，如果只是孤立地看其某个时点的状况，很难对其是大还是小，是快还是慢，是合理还是不合理等作出判断；只有通过纵向和横向的比较分析，构建一个参照系，才有利于做出正确的判断。经济增长指标主要看纵横对比情况。

改革开放以来，特别是构建社会主义市场经济体系以来，中国的GDP就像进入青春期的少年一样，加速度成长。在世界各国的位次中，1978年排在第10位；1995年进入第8位；2000年上升为第6位；2004年挺进到第4位；2007年已名列三甲，成了探花；在全球金融危机蔓延期间又逆势而上，2010年达到40.1万亿元，超过了日本，跃升到世界第二位；2012年突破50万亿大关，达到51.9万亿元，登上了一个新台阶。

二是看就业率（失业率）。就业是民生之本，实现充分就业是宏观经济追求的主要目标之一。我国就业人员定义是：16周岁及以上从事社会劳动并取得劳动报酬或经营收入的人员。就业率就是就业人数与同口径经济活动人口的比重，而经济活动人口是指16周岁以上，有劳动能力并要求参加社会经济活动的

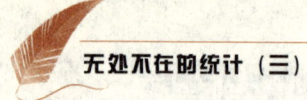

人口。

城镇登记失业人员是指有非农业户口,在一定的劳动年龄内有劳动能力,无业而要求就业,并在当地就业服务机构进行求职登记的人员。城镇登记失业人数与同口径经济活动人口的比率得出城镇登记失业率。

就业指标主要看就业是否充分,失业率是否较低。分析就业情况一定要看到我国的就业压力有多大,可以说,当前中国排在第1位的问题就是就业问题。2012年我国劳动年龄人口9.37亿人,这是什么概念呢?我们做一个国际比较,现在全世界最发达的国家是美国、日本、英国、德国、法国、意大利和加拿大,这7个发达国家的人口总数加在一起为7.3亿人,我国劳动年龄人口比这7国的总人口还要多出2.07亿人;这7国的土地面积达到2144.9万平方公里,是我国的2.2倍。我国是以占世界9.6%的自然资源、9.4%的资本资源,来为占世界29%的劳动年龄人口创造就业机会,可以说是天下最大、最难的一件事。

三是看价格指数。价格指数是反映各类商品(包括产品或服务项目)价格变动情况的宏观经济指标,在判断经济形势方面具有重要作用。我国与多数市场经济国家一样,价格统计也分别进行生产和消费价格统计。生产价格统计主要从生产者角度进行的统计,如工业生产者出厂价格指数(PPI)。消费价格主要从消费者角度进行统计,如居民消费价格指数(CPI),衡量通货膨胀状况主要看居民消费价格指数。这个指数反映城乡居民购买消费品和服务项目价格水平的变动情况,通常,居民消费价格全面持续上涨,就被认为发生了通货膨胀。通货膨胀大体上有5种形态:第一,低度通货膨胀,居民消费价格涨幅

在4%以下,这在市场经济条件下在所难免,对经济生活不会造成重大影响,相反,还有某些积极作用。第二,中度通货膨胀,居民消费价格涨幅在4%～6%,中度通货膨胀尽管在一定程度上有调节供需、分配的作用,但对经济生活会产生一定的消极影响。第三,高度通货膨胀,居民消费价格涨幅在6.1%～10%,高度通货膨胀会使经济生活出现混乱,产生较大的消极作用。第四,过度通货膨胀,居民消费价格涨幅在10%以上,过度通货膨胀不仅使经济生活混乱,还会引起社会生活的混乱。第五,恶性通货膨胀,这不仅表现在通货膨胀率高,而且还有几个重要特征,经济低增长,人民群众的生活水平普遍下降,出现挤兑风和抢购风,人们对本国货币失去信心。

四看国际收支状况。国际收支是在一定时期由一个国家与其他国家商品、服务贸易和资本流动的结果。实现国际收支基本平衡是保持宏观经济稳定的重要条件之一。由于国际收支表比较滞后,发布日期要晚约4个月的时间,在经济形势分析中最常用的就是外贸进出口指标。进口额、出口额和贸易顺(逆)差是用来观察一个国家或地区对外贸易规模的3个主要指标。这些指标的变化状况,都能反映出国内经济与国外经济的供需状况与内外发展的均衡状况。

看结构指标

经济运行既有总量问题,也有结构问题,总量和结构统一于经济运行的全过程,总量分析关系到对国民经济的总体把握,影响着宏观政策的基本取向;结构分析关系到对经济运行内在结构的把握,影响着宏观调控的重点和政策组合的选择,全面分析判断经济形势，不仅要进行总量分析，还要进行结构分析。结构分析在于揭示国民经济内部各主体、各部分、各环节之间的相互联系及其对总体经济运行的影响。经济结构也是多方面、多层次的，其中供给结构、需求结构和城乡结构尤为重要。

总供给是指全社会通过生产所提供的最终产品的货币价值总额，其中即包括实物产品，也包括提供的服务等。总供给的形成是社会经济活动的起点，它与总需求之间的关系在宏观经济运行诸多平衡关系中处于核心地位。供给结构由一、二、三次产业构成。从供给结构看，主要分析一、二、三次产业的协调发展与优化情况。根据美国经济学家西蒙·库兹涅茨等人的研究成果，工业化是产业结构变动最迅速的时期，当第一产业比重降低到10%左右之后，二次产业的比重会转为相对稳定或有所下降，三次产业比重将持续提高。

总需求还包括两部分：一是国内需求，由投资需求和消费需求构成；二是国外需求，即产品和劳务的输出。经济增长是由供给与需求两方面的共同增长决定的。供给能力的提高是决定经济长期增长的主要因素，它的变化要相对温和一些，导致经济短期波动的往往是一些需求性因素，很多国家都把调节社会需求作为日常经济管理的主要手段。从需求结构看，人们通常将投资、消费和出口形象地称为拉动国民经济增长的"三驾马车"，只有"三驾马车"相互协调，整个经济才能健康发展。

从城乡结构看，最常用的指标是城镇化率，用市人口和城镇人口占全部人口的百分比来表示，反映人口向城镇聚集的过程和聚集程度。城镇人口以外的人口就是乡村人口。国际上一般将城镇化进程分为三个阶段：城镇化率在30%以下为初级阶段，30%～70%为中级阶段，70%以上为高级阶段，其中，

30%~70%是城镇化快速增长期，目前我国正处在这一时期。

看质量和效益指标

在反映质量和效益的统计指标中，要重点关注财政收入、企业利润总额、城乡居民收入、单位GDP能耗等指标。财政收入指国家参与社会产品分配所取得的收入，主要包括各项税收和非税收收入。利润总额指企业生产经营活动的最终成果，是企业在一定时期内实现的盈亏相抵后的全部利润。居民收入有城乡之分。城镇家庭总收入是指家庭成员得到的工薪收入、经营净收入、财产收入、转移性收入之和。可支配收入是家庭总收入扣除交纳的个人所得税、社会保障支出以及记账补贴后的收入。农村家庭总收入指家庭成员从各种渠道得到的收入总和，包括工资性收入、家庭经营收入、财产性收入和转移性收入，纯收入是农村家庭总收入扣除税费支出、家庭经营支出、生产性固定资产折旧和赠送农村亲友支出。单位GDP能耗，则是指一定时期内，一个国家或地区每生产一个单位（通常为万元）的GDP所消耗的能源。

通过对总量、结构、质量和效益三大类统计指标的分析与诊断，我们可以清晰地看到一个国家和地区经济发展总体状况与矛盾，并据此寻求解决发展中问题的方法与途径，为决策者提供参考与决策依据。

作者简介：

彭道宾，江西省统计局副局长、教授。

无处不在的统计（三）

由若干企业指数曲线所想到的

潘 璠/文

  最近一段时间，研究大数据在政府统计中的应用问题，看到许多有关价格统计的案例。这些案例的提供者、整理者、引用者都非常愿意用图来说话，更准确地说，是用曲线图来说明自己的观点，证明自己的道理。国外的案例暂且不讲，单就国内而言，就有三个经典案例。

  一是阿里巴巴集团的淘宝价格指数。阿里的CEO马云，48岁高调宣布退休。如他自己所言，今后的生活就是他最主要的工作了，但他开创的事业还要有人继续进行。作为消费者，我当然对淘宝网以及与团购有关的事情感兴趣；但作为统计人，我更关心淘宝网的价格指数。这是一个基于在淘宝网上经营的各种商品所建立的价格指数体系，最近我们把2009年到2011年的淘宝价格指数、全国CPI和全国商品零售价格指数的曲线图进行对比，竟然发现许多相似之处：第一，三条曲线的走势很相似，而淘宝价格指数曲线与全国商品零售价格指数曲线的相似度，要高于其与全国CPI曲线的相似度；第二，淘宝价格指数曲线的最高值和最低值都要高于和低于统计部门测算的两条曲线；第三，虽然曲线变化趋势相似，但淘宝价格指数曲线趋势的出现要早于统计部门测算的价格指数曲线。

二是上海钢联的大宗商品价格指数。上海钢联的全称是上海钢联电子商务股份有限公司，该公司的大宗商品交易价格指数，是其1000多名员工从全国100多个城市、20多个港口的交易市场搜集价格信息的基础上编制的。从2009年到2010年各月延续下来的走势图看，该指数与政府统计部门的CPI、PPI、PMI、工业增加值、宏观预警系统的走势图都非常相似，而其中相似度最高的是PPI走势图，这是因为上海钢联搜集的就是进入流通领域但尚未进入零售环节的生产资料价格。同样，其变化的时间也比政府统计部门的时间要早一段时间。

三是百度搜索指数。作为国内最大的搜索引擎，百度集团基于搜索关键词及其频率数据，建立了自己的一系列指数体系，如消费者信心指数、通货膨胀指数、企业景气指数等。与政府统计部门的相关指数曲线相比较，变化趋势也是大同小异，且百度指数曲线更具超前性，其大企业景气指数与统计部门宏观经济先行指数的相关系数高达90.5%。

这些编制指数的企业，无一不以政府统计的指数曲线为参照系，以证明其自身指数的准确性、可靠性、科学性与超前性。倘真如图所示，自然在一定程度上是对企业指数质量的一个佐证。但与此同时，不也是对政府统计数据质量的一个评估和验证吗？倘真如图所示，来自不同企业旨在说明相同或不同问题的指数，不也都证明了政府统计数据质量的准确可靠、真实可信吗？至于为什么这些企业指数更具有超前性，还有待于更加深入地评估与分析。但目前可以分析得出：一是如淘宝价格指数，可以依据网上成交记录即时产生，而政府统计数据的采集频率最高也是5天一次；二是如百度搜索指数，搜索是需求的体现，心动才能行动，超前是符合常情和常理的。

  不同企业指数的出现，是大数据时代到来的一个显著特征。数据生产的主体正日趋多元，而不再是政府统计部门一家独大和包打天下。我们不仅应该以开放、包容、自信的心态看待和对待来自其他主体生产的统计数据，而且应该积极探讨各种数据互补和整合的可能性和可行性。第一步，可以在企业将政府统计数据作为印证其质量的参照系的同时，也将企业数据作为评估政府统计数据质量的一个重要参考依据，互为印证和评估，共同提高数据质量；第二步，在此基础上，研究和探索将部分质量可靠的企业数据纳入政府统计体系，整合数据资源，改进统计生产方式、工作流程和工作分工。这是政府统计适应大数据时代要求的一个必然选择。

作者简介：

  潘璠，经济学博士，高级统计师，现为国家统计局统计科学研究所所长，中国统计学会副会长、秘书长。

大数据时代下的政府统计

姜 澍/文

近几年,大数据成为风靡一时的全球性话题,开启了一轮重大的时代转型,在社会经济生活的各个领域都正在产生深远的影响。那么大数据究竟是什么?对政府统计来说,大数据包括哪些数据来源?应用前景如何?这都是政府统计部门当下亟需思考和解答的问题。

看图识大数据

下面两幅图分别是我国和美国利用大数据进行价格统计的案例。阿里巴巴基于淘宝网、天猫网、支付宝等网络平台的数据编制了网络零售价格指数(Internet Shopping Price Index,简称ISPI),该指数体系既包括价格指数系列,又包括实物交易量指数系列,是综合评价国内网络零售交易商品一般价格水平的指标。由图1可见，除2009年6月外，在其他几个重要的转折点上，ISPI比CPI均体现了一定的超前性。图2中，美国麻省理工学院利用全世界海量网上零售价格计算了"每日网上价格指数（Daily Online Price Index）"。研究人员每天在网上抓取多于50万条商品价格信息，基本覆盖了所有类别和所有零售商销售的商品平均价格。由于价格信息不是用访问数千个实

图1　阿里巴巴网络零售价格指数与我国CPI的比较

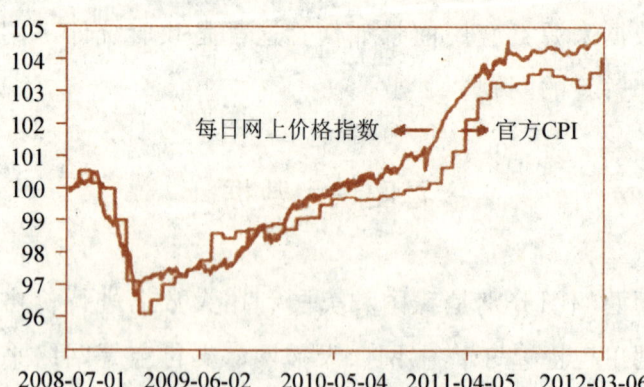

**图2　每日网上价格指数（2008年7月为基期）
与美国CPI的比较**

体商店的传统方法获得，因此成本很低。而且美国官方公布的居民消费价格数据往往有一周的滞后期，而"每日网上价格指数"每天更新，且月度滞后期只有3天。这使得研究人员和政策制定者在官方统计数据发布之前就能够判断价格涨幅形势。

这两个案例表明，包括电子商务交易数据在内的各类大数据将是政府统计新的数据来源，与政府统计传统的调查方式相比，使用大数据的成本更低，计算周期更短，数据质量更高，是未来政府统计发展与变革的重要趋势。

大数据有何特征

由于大数据的涉及范围十分广泛，想要认清大数据必须从多个角度进行观察，因为大数据是现象和技术的结合。从数据角度看，大数据具有多源头、多类型的特质。在大数据时代，世间万物都可以数据化，文字会变成数据，方位会变成数据，交流会变成数据，对这些数据进行整理、加工和分析，从而创造出价值，使其成为大数据。从技术角度看，大数据在数据采集、数据预处理、数据存储、数据分析和挖掘、结果展现等诸多方面均突破了传统，具备了处理不同数据源、多种类型海量数据的能力，搭建了从数据到知识转变的桥梁，成就了大数据现象。

从大数据存在的形态看，大数据可分为两类：一类是结构化数据，即可以通过二维表形式反映的数据；另一类是非结构化数据，即不能以二维表的形式来反映的数据，如文本、音频、视频、图片等，需要进行加工整理。非结构化数据占大数据的比重在75%～90%之间。

大数据的特点可以归纳为"6V"：即数据体量巨大（Volume）；应用价值巨大（Value），大数据对民众消费、企业经营、政府决策、医疗卫生和教育等都具有应用价值和支撑作用；数据类型繁多（Variety），当今的数据类型早已不是单一的文本形式，网络日志、音频、视频、图片、地理位置信息等多类型的数据对数据的处理能力提出了更高的要求；处理速度快（Velocity），这是大数据区分于传统数据挖掘最显著的特征，对大数据的处理需要采用非传统的技术手段，即对大数据的信息化支持需要引入新的基础架构，消除传统计算和存储的局限；数据获取与发送方式自由灵活（Vender）；真实准确性（Veracity），大数据是一种客观存在，其反映出的的结果是相对准确的，对大数据分析处理后的结果可信度也应该比较高。

政府统计中的大数据

从数据产生主体的角度来看，政府统计可应用的大数据来源分为行政记录数据、商业记录数据、互联网（包括搜索引擎）数据三大类（见表1）。政府统计利用这三类大数据时，各具优点和缺点。

行政记录数据是政府部门在行使其行政管理职能过程中，通过审批、注册登记等记录的大量信息数据。由于这些数据是各职能部门为自身行政管理需要，通过信息化手段建立开发的信息管理系统，以标准数据库形式存储的，数据类型基本上都是结构化数据。此外，行政记录数据的质量相对有保证，连续性较好，政府部门在建立行政记录的过程中能够遵循相关国家标准、行业标准和部门标准等，数据的标准化程度也较高。因此，行政记录数据易于被政府统计部门开发应用。但是，行政记录数据有时会涉及部门利益，在一些特定情境下，数据有可能受到部门利益的干扰而失真，在使用过程中要特别注意。

表1　　　　　　　政府统计中的大数据来源分类

来源分类	数据信息类型	数据归属
行政记录数据	个人信息记录数据	公安、卫生、教育、人力资源和社会保障等部门
	单位信息记录数据	工商、税务、民政和编办等管理部门
	自然和资源记录数据	国土资源、环境保护、气象、地震、海洋、测绘等部门
	其他管理记录数据	知识产权、海关、出入境管理及资质评定等部门
商业记录数据	电子商务交易数据	各网上商城、网店
	企业生产经营管理数据	国民经济各个行业的企业
	信息咨询报告数据	专业数据库公司，中介咨询机构
互联网（包括搜索引擎）数据	社交网数据	国内各社交网站注册的博客、微博、微信、飞信等，国外专门社交网如Facebook、Twitter等
	媒体数据	新闻媒体、广播电台、电视台和出版社等
	搜索引擎数据	百度和谷歌等

　　商业记录数据是企业对其生产经营管理过程等信息的记录及商业交易数据的记录。这些数据具有及时、丰富和多样的优点。随着电子商务的不断发展，采用在线管理和进行交易的企业越来越多，使得电商企业的交易价格和商品交易数据的信息数据日益增多，这些数据被及时记录在企业数据库中，具有很大的挖掘价值，而且商业记录数据的涉及领域十分广阔，涵盖

了国民经济各个行业。但是，由于商业记录是不同行业的企业单位根据自身经营活动需要记录产生的数据，其采用的标准也是企业层面的，各种商业记录的元数据、各种分类及数据的计算方法和口径等都没有统一的标准。因此，政府统计在应用这部分大数据时，还需要进行标准化处理，转化为具有统一标准的原始数据。

互联网每天都产生大量数据信息，如新浪、搜狐网每天有大量用户浏览信息；百度、谷歌等搜索引擎为用户检索出大量需要浏览的内容，并实时记录下关键词的搜索密度。互联网信息庞杂，数据量巨大，数据记录易获得，政府统计部门可以利用这些数据进行舆情分析，了解统计的关注点以及辅以统计数据来判断经济形势。但是互联网数据也具有不稳定性和非标准化的特点，数据产生随意性较强，所产生的数据也具有不可持续和不稳定的特征。

大数据在政府统计诸多不同专业中都具有可供展望的应用前景，如价格、人口、就业、工业和产出测算等。

在 CPI 统计方面，电子商务交易数据、企业数据都是价格统计的新数据源，这些数据量大、更新快，充分利用这些数据有助于减少调查成本，提高指标发布的频次。应用大数据进行价格统计的实现途径有三种：一是采用搜索方式收集网上交易价格数据；二是与电子商务企业进行合作，获取交易价格数据；三是建立商场、超市、医院等实行电子计价的采价点向统计部门报送交易记录的制度。

如果在 PPI 统计中使用大数据，一方面，可以探索通过搜索方式收集网上相关数据；另一方面，可与相关产业资讯公司进行合作，收集相关行业的价格信息，为 PPI 统计提供数据评

估或印证。

在工业统计中，由于工业统计指标与财务指标联系紧密，部分统计指标可以通过会计数据推算得到。因此，合理利用海量的企业数据，特别是财务报表数据进行统计加工整理，既可以减轻企业基层负担，也可以提高统计工作效率和数据质量。

在就业和工资收入统计方面，互联网成为就业信息的重要来源之一，谷歌、百度等搜索引擎网站掌握着求职者搜索关键字段的频次等统计数据，数据持续且稳定，并可根据搜索的方位来统计分析全国各省（自治区、直辖市）的求职情况。因此，谷歌、百度搜索平台上关于失业、求职的热门关键词的搜索频次可以做为实时指标，来预测预警失业情况。而关于工资收入情况，税务部门有各行业、部门、地区人群个人收入所得税缴税的详细行政记录，可以作为收入统计（尤其是高收入统计）的一种辅助数据来源。

在人口统计中，公安局、民政局、社保局等网格化精准管理数据库可以为人口普查提供大量信息。此外，我国一些发达城区实现了社区的网格化管理，对流动人口能够进行动态的统计监测。

在批发零售业统计中，由于网上电商交易数据的量体非常大，更新速度较快，而且在全社会商品零售贸易中所占比重越来越大。因此，充分利用这些信息可以为改善传统的批发零售贸易业统计带来新的思路。

此外，大数据还可以应用在许多其他领域。例如，在交通统计中，可以尝试应用物联网技术特别是射频传感器技术，在高速公路、铁路、海路、机场及其收费站点分别进行流量统计，并进一步根据不同交通工具所载货物的类型、数量等指标，进

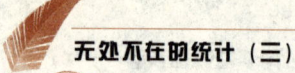

行货运量测算。再如，利用金融市场的交易数据，以及百度、谷歌等搜索平台中以部分与经济发展相关的重要关键词为基础得到的搜索数据也可以预测经济活动和产出情况。

　　大数据的应用前景是广阔的，全面拥抱大数据，引领政府统计变革，是当代政府统计工作者肩负的重任，虽然在改革创新的道路上，会遇到多方面的问题，但是只要不断坚定地、持续地向明确的方向和目标前进，我们最终必将建成世界一流的中国政府统计。

作者简介：

　　姜澍，国家统计局统计科学研究所经济统计研究室副主任，高级统计师。

数据如水
——漫谈统计推断、数据挖掘和大数据

刘 凡/文

水,清净柔和,滋养着天地万物,故曰上善若水。其德至善至纯,常为君子所悦,又曰智者乐水。数据,则是通过统计调查、实验检验等获得的,用于决策、科研、设计、查证等的数值。研究数据则是对数据进行采集、分类、录入、储存、统计分析、统计检验等一系列活动的统称。大数据时代的到来,无疑使数据变得炙手可热,甚至被称为"新时代的石油",而从数据收集和发掘的几种特殊形式来看,说"数据如水"更为有趣。

春江水暖:统计推断

"竹外桃花三两枝,春江水暖鸭先知"出自北宋诗人苏轼著名的题画诗《惠崇春江晚景》，作者寥寥几句，勾勒出早春江景的优美画境。特别是"春江水暖鸭先知"，把水温冷暖描绘得富有情趣、美妙传神。由画中"桃花初放、江暖鸭嬉、芦芽短嫩"，推知画外"河豚欲上"的初春气息，我们除了从中欣赏画中有诗、诗中有画之外，还可以找到统计推断的影子。

统计推断是根据随机性的观测样本以及问题的条件和假定，对未知事物作出以概率形式表述的推断。概率论是统计推断的理论基础。统计推断问题常表述为：所研究的问题有一个确定的总体，其总体分布未知或部分未知，通过从该总体中抽取的随机观测样本作出与未知分布有关的某种结论。统计推断的基本问题可以分为两大类：一类是参数估计问题；另一类是假设检验问题。如上述题画诗通过随机抽取一个"鸭嬉"画面，测得"江暖"，进而推断早春真的来了。如果研究的问题是"早春是否来临"，就需要通过样本"鸭子是否入水嬉戏"检验这个命题是否成立，这也是一种推断形式，即假设检验。由于统计推断是由样本推断总体，因此根据样本对总体所作的推断，并不能做到完全精确和可靠，其结论要以概率的形式表达。也许作为样本的江水受光照的影响有冷暖之别，并非春来；或者嬉水的鸭子并不惧寒冷，也未可知。统计推断的目的，本来就是利用问题的基本假定及包含在观测数据中的信息，作出尽量精确和可靠的结论。

常用的抽样方法有：简单随机抽样、周期系统抽样、分层抽样和整群抽样。采取适当的抽样方法确保抽样的代表性，可有效地控制和提高统计推断的可靠性和正确性。比如此诗中除了"江暖鸭嬉"，还有"桃花初放"、"芦芽短嫩"等抽样结果共同来支持早春来临的结论。

在水一方：数据挖掘

"所谓伊人，在水一方"出自诗经秦风《蒹葭》，抒发主人公河畔倘佯，凝望对岸日夜思念的意中人之情，虽望穿秋水、可望难即，但其孜孜以求、执着追寻之意，颇有数据挖掘的意思。

数据挖掘（Data mining）又称资料探勘、数据采矿，是指从数据库的大量数据中揭示出隐含的、先前未知的并有潜在价值的信息的一种决策支持过程。主要基于人工智能、在线分析和处理、情报检索、机器学习、模式识别、专家系统、统计学、数据库、可视化技术等诸多理论和方法，高度自动化地分析相关数据，做出归纳性的推理，从中挖掘出潜在的模式，帮助决策者调整策略，减少风险，做出正确的决策。针对市场企业而言，数据挖掘是一种透过数理模式来分析企业内储存的大量资料，以找出不同的客户或市场划分，分析出消费者喜好和行为的方法。数据挖掘是知识发现过程的三个阶段（数据准备、数据挖掘、结果表达和解释）之一，主要是通过与用户或知识库交互分析每个数据，从中寻找规律，其任务有关联分析、聚类分析、分类分析、异常分析、特异群组分析和演变分析，等等。

生活中有很多数据挖掘的例子。比如在传统市场营销中，街上派送的宣传单、手机上的广告短信、推销电话等，都只是基于人群或者简单的用户、住户信息推送的，盲目且浪费。数据挖掘则以市场细分原理为基础，假定"消费者过去的行为是其今后消费倾向的最好说明"。通过收集、加工和处理消费者消费行为的大量信息，确定特定消费群体或个体的兴趣、消费习惯、消费倾向和消费需求，进而推断出相应消费群体或个体下一步的消费行为，并以此为基础，对所识别出来的消费群体进行特定内容的定向营销，这与传统的不区分消费者对象特征的大规模营销手段相比，大大节省了营销成本，提高了营销效果，从而为企业带来更多的利润。又比如，当银行账户申请双人联合账户时，可通过联合账户的数据挖掘，分析推断该用户是抱得"伊人"归，还是仍然隔岸相望，来决定向用户定向推销用于房贷、教育投资等业务，还是转而推送婚庆商品和服务业务，或者推送特快专递鲜花、礼品等业务。

上善若水：大数据

"上善若水，水善利万物而不争。"语出《老子》，意为最高境界的善行就像水的品性一样，泽被万物而不争名利。水有滋养万物的德行，它使万物得其利，而不发生矛盾、冲突。海量的大数据，最终能不能成为这样一种水，值得期待。

1980年，未来学家阿尔文·托夫勒在《第三次浪潮》中，将大数据赞为"第三次浪潮的华彩乐章"。受技术所限，大数据时代并未随之到来。直到2009年前后，大数据才开始逐步受到信息技术行业的关注。在历经批判、质疑、讨论、炒作等种种之后，大数据终于迎来了2013年——媒体所称的大数据元年。大数据到底有多大？有资料预计，2013年世界上存储的数据能达到约1.2泽（12亿TB）字节，印刷成书可以覆盖整个美国52次，存于标准光盘则可以堆成五堆，每一堆都可以高达月球。专家预测到2020年，全球每年新创的数据容量将会达到40泽（400亿TB）字节，如果要用标准光盘储存互联网在一天里传送的数据，大约需要 2.5 亿张光盘。

大数据的原理在统计人的眼里并不复杂，从抽样调查的角度看，样本选取的越多，得到的统计结果就越接近真实的结果。从海量的、多样的、迅速更新的数据中实时"提纯"出有用信息，就是大数据的意义所在。越来越多的政府和企业，迅速涉足这些隐藏在数据汪洋中的大金矿。许多世界级的互联网企业、社交平台、电商，就连商场营销和影视制作都有大数据的身影。比如一举成名的美剧《纸牌屋》，就是源自美国视频网站 Netflix 对喜欢 BBC 剧、导演大卫·芬奇和演员凯文·史派西的用户数据中的交集数据分析，打造出的一部"大数据"剧集。

大数据对数据存储的方式和格式没有特定的限制，这也增加了人们对数据安全性、应用性以及隐私保护的担忧。人们在互联网上的一切行为轨迹（微博、微信、地图、导航、逛街、购物、淘宝、浏览，等等）都可以被记录下来，注入大数据的海洋。从良好愿望的角度来讲，在掌握各类用户行为的海量数据基础上，大数据将为人们提供各种最佳决策咨询和方案。而由谁来掌握和引导这些海量的"水"，促其成为"上善"，是在大数据热潮中亟需的冷思考。

作者简介：

刘凡，国家统计局江西调查总队综合处处长，高级统计师。

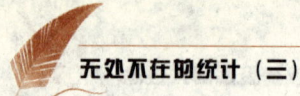
无处不在的统计（三）

统计的误用和滥用

刘政永/文

在大数据时代，我们每天接触大量的数据。在大数据时代，数据的统计应该恰当地应用到它能起作用的地方。既不能把统计神秘化，也不能把统计作为掩盖实事的陷阱。但日常生活中我们却发现有许多统计数据被误用和滥用的现象，这就需要我们去批判和辨别这些数据。

以偏概全的样本

2011年1月初，凤凰网与新生代市场监测机构联合主办的一项关于国人生活信条的大调查——"征集中国人的信仰"，凤凰网在网上发布了调查问卷，活动共收集了63707个有效样本，组织者称调查覆盖了来自社会各界、各阶层的人士。

果真如此吗？对于第一个问题"您有自己的信仰吗？"，有

统计的误用和滥用

76.9%的人回答"有";然而对于第二个问题"您认为这是一个信仰缺失的时代吗?",有92.6%的人回答"是"。这看似矛盾的结果是由于统计样本覆盖不全造成的,凤凰网将调查问卷挂在网上本身就屏蔽了平时不能上网、知识水平较低、家中经济条件不佳等人群。而凤凰网本身面对的受众也主要是受过一定程度教育的人,这类样本与普通中国民众是有一定距离的,因而多数人选择"有"信仰。对于第二个问题,他们依据是对于这个社会的总体印象去回答这个问题的,也就是对于许多受教育程度不如他们的人的印象来回答这个问题,所以看似矛盾的答案是受到调查方式的局限而造成的。

为我所用的局部描述

我们要发现统计数据规律,就要进行统计描述。但很多时候人们为了支持某一观点会局部描述,人为地选择支持其观点的数据进行分析描述。如 NBA 深锐观察是新浪 NBA 的一个著名专栏,在 2012 年 2 月"深锐观察:无三分不冠军?湖人痼疾不除只能等死"这一期中,作者列举了"NBA 1980－2011 年季后赛三分球数据",其中包括"总冠军出手次数"、"联盟平均出手次数"、"总冠军命中率"、"联盟平均命中率"4 项。作者在文中声称,三分球的命中率是最后的总冠军球队一个重要的指标。为了说明无三分不冠军的观点,作者选择收集了 1980－2011 年 NBA 三分球数据。但是作者仅仅选取了表格中能支持作者观点的前几行与最后几行数据。仔细观察不难发现,2010 年、2006 年、1998 年、1997 年、1996 年等多个年份的数据都不能支持作者的结论,而其运用了局部描述的方法,让不

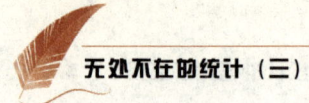

无处不在的统计（三）

细看表格的读者相信作者的观点是有数据支撑的。

百分数的陷阱

我们在各种新闻报道、统计分析报告中多次读到百分数这个词，原因在于百分数具有数学的中立性和客观性。但是百分数不仅提供了一些信息，同时也掩盖了一些信息。我们通过一些例子来说明这个问题。一个农场主宣称在他所饲养的全部家畜中，57％是牛，14％是猪，其余的畜类占29％。但是，有谁能够想到，这位骄傲的农场主全部家畜只有4头牛、2只羊和1头猪。第二次世界大战中一个雷达小组由7名技术人员组成，由于工作繁忙，压力大，大家精神非常紧张。雷达小组的军官一再向上级机关请求加强力量，可是一直没有结果。但当其中一名成员的神经崩溃时，这位军官只是非常言简意赅地报告："14％的人员由于过重的负担而变得精神恍惚，甚至出现神经错乱的现象。"由于这份报告，这位军官得到了比他原本能得到的多得多的人员，用来充实雷达小组的力量。

百分数正如一架望远镜，如果人们没有正确地使用，它既可以把小东西变成大东西，也可以把大东西变成小东西，就会掉进百分数的陷阱。

在日常生活中，我们面临着许多统计数据被误用和滥用的问题，我们要会用统计、善用统计，让统计使我们的生活更美好。

作者简介：

刘政永，河北金融学院经济贸易系讲师。

也谈统计陷阱

冯 沛 袁生鹏/文

1954年,美国新闻记者达雷尔·哈夫(Darrell Huff)编写了"How to Lie with Statistics"一书,整理、概括出了统计资料的使用者们常用的几种"伎俩"。该书一经出版,便畅销美国,成为美国20世纪50年代的畅销书之一。2002年的时候,上海财经出版社将此书引入国内,以《统计陷阱》为名将此书出版。同样,该书也在国内引起了不小的轰动。时隔十年,统计在普通百姓心目中的地位日益提高,在各类传媒中的使用日渐频繁。在这种大背景下,我们"老调重弹",归纳一下新出现的、使用频率更高的一些统计陷阱,还是很有必要的。

抽样方法的偏误

众所周知,抽样是统计调查的一类主要方法,它可以在时间短、经费少的情况下得出较为准确的对总体特性的估计。利用抽样得到的样本对总体特性进行估计，很重要的一个关键点：样本要具有代表性，其特性要与总体保持一致。只有满足这一要求，利用抽样得出的结论才能让人信服。可惜，大多数的调查者并未遵循抽样的这一基本原则，甚至是为了得出某些观点而"选择性"抽样。这样的例子枚不胜举。

历史上最著名的抽样偏差导致的"笑话"之一便是1936年的美国总统选举预测。那次大选前，著名的《文学文摘》通过电话对1000万个订阅者进行调查，调查得出"兰登（London）将在竞选中脱颖而出，并且与罗斯福（Roosevelt）所得票数比是57∶43"的结论。然而竞选投票的结果却截然相反：两者的得票率为38∶62。是什么导致反差这么大的调查结果呢？尽管《文学文摘》是按照随机抽样的方法从读者中选取调查对象进行的电话调查，但当时有能力使用电话的人均属于有钱且有势力的共和党人士，这部分受访者自然倾向于制定富人政策的兰登；实际投票时，未被调查的投票人多选择罗斯福。

这样的方法抽出的样本与总体有很大的偏差，这直接导致《文学文摘》掉进自己挖出的统计陷阱，且再也没有出来——选举之后不久，该杂志便宣布破产！

统计图表的误用

在众多的统计表达中，统计图表是最常用，也最为直观的一种表达方式。但其直观的特性也常常被一些"别有用心"的人来制造陷阱，误导使用者。

我们以一个最常用的统计指标——居民消费价格指数

(Consumer Price Index，简称 CPI）为例来进行说明。

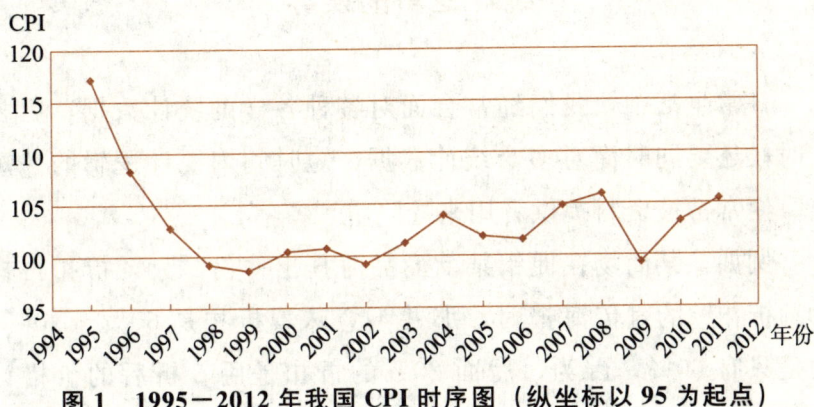

图1 1995－2012年我国CPI时序图（纵坐标以95为起点）

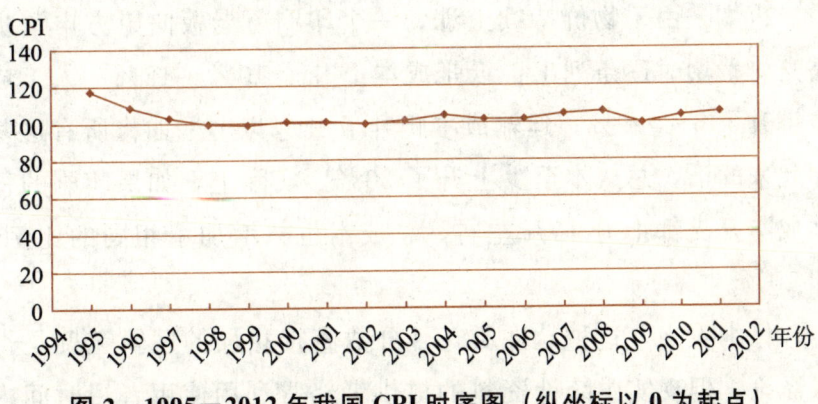

图2 1995－2012年我国CPI时序图（纵坐标以0为起点）

在研究CPI时，有些"研究者"在为了说明近20年来CPI的波动非常剧烈，纵坐标以95为起点（见图1）。直观看该图，曲线的波动非常显著：最高点位图纵坐标轴的最高处、最低点则位于纵坐标轴的最低处。而有些"研究者"在为了说明近20年来的CPI值较为平稳，纵坐标便选择0为起点（见图2）。直观看该图，曲线相对平滑：最高点位图纵坐标轴的最高处、最低点也位于纵坐标轴的较高处。

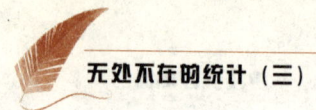

无处不在的统计（三）

统计逻辑的误导

日常生活中，我们经常会面对各种各样的统计数据，更多的时候还要同时面对多个统计数据，短时间内统计逻辑的"短路"便常常被资料提供者用来挖陷阱。

例如，某商场在促销某款商品时挂出一份"50%折扣再打20%折扣"的宣传海报时，那并不意味着折扣是50%＋20%，而是只有60%，因为，后面20%的折扣是用5折后的价格计算的。

再如，由于物价持续上涨，一个印刷厂老板向甲方申请提高支付费用时逐条列出：纸张成本上升了10%～12%；人工成本攀升了6%～9%；运输成本爬升了10%以上。如将所有这些加起来的话，总成本至少上升了30%。实际上，如果印刷的每项成本开支都上升10%左右，总成本也只增加了相同的比例，即10%。

仔细看来，这种允许所有百分数直接相加的逻辑无疑是奇谈怪论，但现实中统计资料的提供者经常利用使用者短时间内的逻辑"失常"来制造陷阱，以获得更有利于自己效果的事例比比皆是。

因果关系的混淆

因果关系是一种重要的统计关系，表示多个因素中一些因素的发生导致了另外一些因素的发生。因果关系中两类因素的发生有明显的先后关系。此类统计关系也频频被一些研究者用

来做陷阱误导统计资料的使用者。

例如，某机构曾经做过一个在校大学生抽烟行为的调查，结果显示：抽烟频率高的学生成绩低，也就是说大学生的抽烟频率和成绩呈负相关。据此，该机构公开研究成果时得出这样的结论：抽烟导致大学生的成绩下降！乍一看这个结论很有道理，仔细分析便发现事实并不一定如此：上述调查仅能说明抽烟和成绩之间有相关关系，并无确定的因果关系，因为，成绩差导致大学生抽烟频率增加也并非不可能。

统计的陷阱比比皆是，也不断推陈出新，本文所叙述的几类陷阱只能起到抛砖引玉的作用，统计资料的使用者们还需要擦亮眼睛、仔细辨认，才能够不至于掉进统计陷阱之中。

作者简介：

冯沛，中国人民大学统计学院博士研究生、国家统计局统计教育培训中心统计师。

袁生鹏，陕西省志丹县统计局副局长、统计师。

无处不在的统计（三）

统计思想方法在网购中的应用

范 超/文

网购正在改变我们的消费方式。当买家享受网购的实惠与便捷时，同时也面临一定的风险：网上的商品质量良莠不齐，不良卖家会用低价和虚假评价来吸引买家眼球，进而出售伪劣产品。为了买到物美价廉的正品，在购买过程中买家要面临两个问题：一是同一商品的价格差异很大，买家应选择哪个价格范围内的；二是进入卖家店铺后，卖家的成交记录和信用评价是否是真实的。本文试图借助统计思想方法来解决这两个问题。

我们设想常见的一种网购情景：买家已明确所要购买的具体商品，且在网上有众多卖家销售；购买前，买家对商品的价格仅有一个经验性的大致了解，并不知晓成本价等内部信息；买家仅能从成交记录和信用评价来了解卖家。我们设计方法的主要原则是简单实用，并不追求可以适用于所有商品且准确率极高的完美方法，因为这恐怕要建立非常复杂的统计模型。所用的统计方法和原理并非统计学中严格的规定，只是使用了其中主要思想，但这些对于买家就已经足够了。

确定价格范围：价格最集中的区间

买家在网上搜索某个具体商品后，常常会出现少则数十个多则上千个结果，它们的价格变化范围也很大。面对同一商品的众多价格，买家应选择哪个范围内的呢？常识和经验告诉我们，对于同一商品，价格很低的是伪劣品的风险会较大；价格较高的虽然基本可以保证是正品，但无法享受到网购的实惠。如何做折中的选择呢？这里就需要应用统计学，我们可以选择售价相对集中的范围作为购买的价格区间。我们暂且把这样的区间称为众数区间，由于同一商品在一个网站上有众多卖家销售，因而我们近似的把网站上的市场看作是自由竞争的市场，基本没有垄断，售价频率最集中的价格区间中包含了市场中长期形成的均衡价格，这个区间内的价格相对来说是真实可靠的。

在统计学中，表示集中趋势的指标有平均数、中位数和众数。实质上，这里是运用了众数概念中的一些思想。众数是指一组数据中出现次数最多的数值。将众数的定义从单个数值扩展到一个小的区间，也就是售价频率最密集的区间就是上文所说的众数区间。如果我们画出价格的频率直方图（或者柱形图），众数区间就是图中波峰所在的区间。一组数据的众数可能不唯一，同理，某个商品的众数区间也可能不唯一，也就是价格的频率分布不是单峰分布，而是双峰或者多峰分布。此时很可能每个峰对应的商品并不完全同质或者卖家提供的服务有所差异，需要结合商品的有关信息来进一步判断。比如，当我们

搜索三星手机 I9300 后,有的众数区间是对应行货手机,有的是对应港版,有的是对应欧版。在网站上,商品的价格是透明的,单个商品的利润率大都较低,卖家是通过薄利多销的手段来获得收入。因此完全相同的商品的众数区间范围不会太大。遇到多峰分布时,为了安全起见,不要选择最低的价格峰,这很可能是伪劣商品的价格区间。

检验信用评价:
小概率事件在一次试验中不大会发生

当买家进入卖家店铺后,通常会查看其成交记录和信用评价,以此来判断所售商品的质量。卖假货的卖家会通过"刷钻"行为来改变信用等级和商品的成交记录。所谓"刷钻"是一种信用炒作行为,卖家通过自己的内部人员或找专职的刷钻人员虚假购买自家的商品,在无实际交易下做出"好评"的评价,以此提高信用等级并给消费者造成假象。由于淘宝是用钻石表示信用的,所以俗称"刷钻"。

如果出现了以下异常情况,建议买家要多加小心了:①在成交记录中,短时间内出现了大量集中购买;②在评价记录中,连续出现了大量追加评论;③在成交和评价记录中,都是匿名用户。

对于异常情况①,买家购买商品的时间是相对平稳的(除非遇到节日促销),如果在某天的某个小时内出现了集中大量购买,则很可能是卖家内部人员或者刷钻人员的虚假购买;对于异常情况②,一般买家对所买的商品特别满意才会有欲望去写追加评价,因此,如果某一商品出现大量赞不绝口的追加评价,

那很可能是卖家内部人员所为，以此给消费者造成商品质量很好的假象；对于异常情况③，由于绝大多数商品的成交和评价记录都是仅有部分是匿名的，且匿名和非匿名的排列顺序没有明显规律，因而如果成交和评价记录全是匿名的，则很可能是内部或刷钻人员的虚假购买行为。

实质上，我们这里是做了一个信用评价是否是真实的假设检验，即原假设为信用评价是真实的，对立假设为信用评价是虚假的。我们试图通过交易和评价记录来发现是否存在卖家作假的痕迹。统计中的假设检验应用的是"实际推断原理"，认为小概率事件在一次试验中不大会发生，也就是如果在一次观察中发生了小概率事件，即出现了上面列举的异常情况，就认为找到了卖家在信用评价上造假的证据，推断信用评价是虚假的。当然，理论上讲，上面列举的异常情况有可能是真实情况，并非卖家故意造假，只是我们认为这些情况实际发生的可能性很小，因而否定了卖家，这就存在一个"冤枉"了卖家的可能。当出现异常情况时，对于买家而言，如果认为卖家的信用评价是假的，就可能错过用低价买到正品的机会；如果相信了卖家的信用评价，就可能上当受骗，因买到的是伪劣品而花冤枉钱。通常后者的损失会比前者的大，且网购维权难，因此采取小心谨慎的策略是对买家更有利的做法，况且同一商品在淘宝上有众多的卖家，我们何不选个安全性更高的卖家呢。

在统计中，我们认为真实值是永远不知道的，就如同用游标卡尺反复测量物体的长度，每次得到的只是真实长度的近似值。同理，我们希望通过一定的统计方法所做出的推断能够尽可能地接近真实值。由于所做的仅是一种推断，因此就一定存在犯错误的可能，比如在信用评价检验中有可能冤枉卖家，但

无处不在的统计（三）

我们希望犯错误的可能性能够尽可能小，并且即使真的发生了，对买家造成的伤害也不算大。

以上所介绍的方法仅是作为买家购物时的参考和建议，具体问题也要具体分析，不宜一概而论。不良卖家的欺诈手段在不断变化，我们的应对方法也需要不断升级。如果事先对商品及价格能有更多的了解，那么在结合运用统计方法时会有事半功倍的效果。

作者简介：

范超，国家统计局国际统计信息中心统计师。

打折促销 谁笑到最后
——统计指数在生活中的应用

陈焰华/文

"五一"前夕，家住城南 A 区的王大妈忙碌得很，每天早晨去集贸市场买菜时，一定要绕至小区门口不远处的宣传信息栏查看各大电器和家具超市的海报消息，看看有没新的商品打折促销信息，并及时记录下来。因为 5 月 4 日是儿子大婚的日子，她想赶在"五一"商家打折促销期间，给儿子置办一些电器和家具。王大妈乐呵呵地说："咱也不是说很缺那几个钱，但是节日有打折促销还是能省点，花更少的钱买到同样的东西，这心里啊，乐呵着哪！"

平常生活中，大部分消费者或许都和王大妈一样，爱在商家打折促销的时候"狂购"，为的是少花点钱买到同样的商品。而广大商家也正是抓住了消费者这种趋同心理，想尽办法，不断推出名目繁多的打折促销活动，特别是在广告词上可谓用尽心思，吸引消费者眼球。譬如，"享受，从打折开始""'折'里风光独好""经济头脑，'折'学人生""买得到便宜买不到吃亏！"等等。

消费者认为自己捡到了便宜，商家收钱时却大呼"赚了"。在愿者上钩的交易中，消费者和商家彼此都乐呵着。而谁能笑到最后呢？就单件商品价格变动而言，或许买家赢了更多而商家赚得更少，但若从总的销量角度来看，谁又是最大的赢家呢？让我们用统计指数去做一些详尽的解答，看看谁笑到了最后。

统计指数分类知多少

指数按其反映对象范围的不同，分为个体指数和综合指数。

当指数表明某一要素构成现象变动的相对数时，称为个体指数，如某一种产品或商品的价格相对变动水平就是个体指数。

通常用 K_p 代表物价个体指数，$K_p = \dfrac{p_1}{p_0}$；用 K_q 代表物量个体

指数，$K_q = \dfrac{q_1}{q_0}$。其中：p 代表商品或产品的单价，q 代表商品或产品的数量，下标 1 代表报告期，下标 0 代表基期。

表明多种要素构成现象综合变动的相对数时，称为综合指数，如多种不同的产品或商品的价格综合变动水平就是综合指数，通常用 $\bar{K}$ 代表综合指数。$\bar{K}_p = \dfrac{\sum p_1 q_0}{\sum p_0 q_0} = \dfrac{\sum \dfrac{p_1}{p_0} p_0 q_0}{\sum p_0 q_0}$ 代表价格综合指数，$\bar{K}_q = \dfrac{\sum p_0 q_1}{\sum p_0 q_0} = \dfrac{\sum \dfrac{q_1}{q_0} p_0 q_0}{\sum p_0 q_0}$ 代表物量综合指数。

统计指数在实际生活中的应用

在很多情况下，我们需要将多个现象的变化综合得到一个指数，用以比较不同时期的总变化。我们以前面提到的王大妈购买家电的事为例，消费者对某商场电器商品的价格指数感兴趣，这个指数可能包含彩电、冰箱、空调等的价格。如何对这些价格进行综合？通常采用加权综合指数方法。假设某大型家电超市为迎接"五一"到来，在 4 月份执行价格基础上开展打折促销活动，表 1 是该超市三种电器的价格变动和销售情况表。

由表 1 中数据可知，就单一消费者而言，打折月份购买任何一种家电都比非打折月份更省钱，所以促成众多消费者赶在打折期间抢购，电器销量明显增加。对于商家而言，打折降低了单价，带动了销量，最后是赢得多还是亏得多呢？因每种电器

表 1　　某超市三种电器的价格和销量变动情况

电器名称	销售量（台）		价格（元）	
	2013年5月	2013年4月	2013年5月	2013年4月
彩　电	23	13	1727	1919
冰　箱	19	10	1050	1210
空　调	20	10	1368	1520

的价格不同，不能简单地将不同电器的价格直接相加，来反映价格的综合变化情况。因为这三种电器的销售量是不同的，因此对价格变化所起的作用也是不同的。彩电的销售量最大，它的价格所起的作用也应该最大。因此要想反映价格的综合变化，必须用销售量作为权数进行加权，这就是加权综合指数法。因此加权综合指数的本质在于：商品组合中的每一项应该根据它的重要性而赋予不同的权数。现在的问题是销售量也有两期的数据，那么是应该用基期的销售量还是应该用报告期的销售量作为权数呢？两期的数据都可以作为权数，从而有两种计算加权综合指数的方法：拉氏指数和派氏指数。

一是拉氏指数。拉氏指数是德国经济学家拉斯贝尔（Laspeyre）于1864年首先提出的，称为拉斯贝尔公式，他主张不论是物价指数还是物量指数都采用基期作为权数的指数，其物价指数和物量指数的编制方法如下：

拉氏物价指数 $\bar{K}_L = \dfrac{\sum q_0 p_1}{\sum q_0 p_0}$

拉氏物量指数 $\bar{K}_L = \dfrac{\sum q_1 p_0}{\sum q_0 p_0}$

因此，这三种电器的综合价格指数为：

拉氏物价指数 $\bar{K}_L = \dfrac{\sum q_0 p_1}{\sum q_0 p_0}$

$= \dfrac{1727 \times 13 + 1050 \times 10 + 1368 \times 10}{1919 \times 13 + 1210 \times 10 + 1520 \times 10} = \dfrac{46631}{52247} = 89.25\%$

其含义是报告期（2013年5月）与基期（2013年4月）相比，三种电器的综合价格降低了10.75%，即如果以基期销售量为准，消费者在购买这三种电器时，报告期比基期少支出5616元（52247元－46631元）。

同理，如果要考虑报告期与基期相比这三种电器的销售变化情况，就可以编制综合物量指数：

拉氏物量指数 $\bar{K}_L = \dfrac{\sum q_1 p_0}{\sum q_0 p_0}$

$= \dfrac{1919 \times 23 + 1210 \times 19 + 1520 \times 20}{1919 \times 13 + 1210 \times 10 + 1520 \times 10} = \dfrac{97527}{52247} = 186.67\%$

其含义是报告期与基期相比，三种电器的销售量综合提高了86.67%，即如果以基期价格为准，商家在销售这三种电器时，报告期比基期多收入45280元（97527元－52247元）。

由此可见，对于全部消费者而言，购买这三种电器，因商家打折他们少支出了5616元，但因打折带来的销售量增长，却使得商家多收入45280元，盈亏相抵，商家还是盈利39664元（45280元－5616元）。

二是派氏指数。派氏指数是德国经济学家派许（Paasche）于1847年首创的，称为派许公式，他主张不论是物价指数还是物量指数都采用报告期作为权数的指数，其物价指数和物量指数的编制方法如下：

派氏物价指数 $\bar{K}_P = \dfrac{\sum q_1 p_1}{\sum q_1 p_0}$

派氏物量指数 $\bar{K}_P = \dfrac{\sum q_1 p_1}{\sum q_0 p_1}$

因此，这三种电器的综合价格指数为：

派氏物价指数 $\bar{K}_P = \dfrac{\sum q_1 p_1}{\sum q_1 p_0}$

$$= \dfrac{1727 \times 23 + 1050 \times 19 + 1368 \times 20}{1919 \times 23 + 1210 \times 19 + 1520 \times 20} = \dfrac{87031}{97527} = 89.24\%$$

其含义是报告期与基期相比，三种电器的综合价格降低了 10.76%，即如果以报告期销售量为准，消费者在购买这三种电器时，报告期比基期少支出 10496 元（97527 元－87031 元）。

同理，当考虑报告期与基期相比这三种电器的销售变化情况，就可以编制派氏综合物量指数：

派氏物量指 $\bar{K}_P = \dfrac{\sum q_1 p_1}{\sum q_0 p_1}$

$$= \dfrac{1727 \times 23 + 1050 \times 19 + 1368 \times 20}{1727 \times 13 + 1050 \times 10 + 1368 \times 10} = \dfrac{87031}{46631} = 186.64\%$$

其含义是报告期与基期相比，三种电器的销售量综合提高了 86.64%，即如果以报告期价格为准，商家在销售这三种电器时，报告期将比基期多收入 40400 元（87031 元－46631 元）。

同理，盈亏相抵，商家盈利 29904 元（40400 元－10496 元）。

我们所得的结论

从上面的计算结果我们不难看出，盈利是商家最大的追求，打折促销仅是商家实现盈利最大化的一种手段。就个体消费者而言，打折确实带给他们实惠，不过从最终销售结果看，打折促销，笑到最后的或许还是商家。

　　到此，本文就统计指数在生活中的一点应用进行了简要分析探讨。由上面的计算可知，拉氏指数和派氏指数采取的基期不同，计算出来的价格指数也不相同。那么，何时应该使用拉氏指数最合适，何时用派氏指数最好？

　　拉氏指数主要受基期商品（产品）结构的影响，派氏指数主要受报告期商品（产品）结构的影响。在实际应用中，由于派氏指数要求每期更换权数资料，计算比较麻烦，而拉氏指数的权数固定在基期，在编制长期连续性的指数数列时比较方便，因此拉氏指数得到更普遍的应用。但是从实际意义上看，派氏物量指数的解释更符合现实意义。通过对拉氏指数和派氏指数的介绍，我们可以看到在编制物价指数时，要以商品的销售量或使用数量作为权数；在编制物量指数时，要以商品的价格或成本作为权数。这就是编制综合指数的基本原理。

作者简介：
陈焰华，江西省宁都县统计局统计普查中心副主任。

无处不在的统计（三）

加多宝"销量篇"广告背后的统计思考

陶 然/文

2013年3月份以来，央视及多家地方电视台播出了一则"中国每卖10罐凉茶，7罐加多宝"的凉茶广告。继加多宝公司"改名篇"广告后，该则广告在网络上被众多网友戏称为"销量篇"。

加多宝"销量篇"广告引发的争论

"销量篇"一经播出，广告中言之凿凿的数据在网络上随即引起了巨大反响。

有网友表示，"中国有很多种凉茶，要说卖出去10罐有7罐是加多宝，这很难让人相信。不论加多宝是不是真的卖那么多，单是这种广告方式就让人不能接受，说得太绝对了"。

加多宝"销量篇"广告背后的统计思考

也有网友表示,"自己身边好多人就喝王老吉,按照这个广告语,加多宝是要占中国罐装凉茶市场的70%份额,有什么统计数据作为依据呢?"

更有网友表示,"自己在一家超市通过半个小时左右的观察,发现前来购买凉茶的消费者有买加多宝的,也有买王老吉的,两种凉茶的销量相差不多"。

总的来说,网友们主要质疑加多宝公司广告用语的绝对化和真实性,大家显然不完全认同这种看似"王婆卖瓜,自卖自夸"的营销模式。我国《广告法》第十条规定:广告使用数据、统计资料、调查结果、文摘、引用语,应当真实、准确,并标明出处。如此看来,加多宝公司的广告语,必须有真实、准确的统计数据作为支持,否则就是虚假宣传。另据一些网络媒体的相关报道,加多宝方称其广告依据来自2012年中国饮料行业运行状况分析报告,通过市场调查和研究,该报告显示加多宝占据了2012年前三季度我国凉茶销售量市场份额的72.96%。这样看来,前两位网友的疑问似乎得到了解答,加多宝广告语似乎经得起考验,这也是一例利用统计数据进行市场营销和商业宣传的典型案例。那么针对第三位网友的疑问,作为普通广告受众,我们应当如何客观看待这一广告数据呢?

广告数据背后所隐藏的统计方法

若真如网络报道所言,广告用语源于既有的行业分析报告,从市场研究的角度讲,一份行业报告的产生理应是建立在市场调查数据基础上的研究结论。市场调查主体出于调查成本和可行性的考量,不可能对整个凉茶消费市场的销售量进行全面调

45

查，只能采用非全面调查通过选取有代表性的产品销售渠道，监控销售状况，搜集分析所需的统计数据，据此推算出各个品牌的市场份额。

广义的抽样调查是非全面调查的总称，即从总体中选取一部分个体作为样本加以调查来说明总体。因此，从广告数据背后的方法角度看，抽样调查方法决定了我们应当如何看待这一广告数据的准确性和可靠性。

抽样调查方法于1895年被提出至今一百多年来，其理论和实践都取得了长足的发展，已被广泛应用于社会经济调查、民意调查和市场研究调查中。在方法被提出的初期，样本的选取主要取决于调查者对总体的认识掌握程度，并没有考虑依概率选取样本，抽样调查被形象的称为"代表性调查"或"有目的抽选"。但随着20世纪初近代概率论的发展，在中心极限定理被引入作为抽样调查的理论基础后，人们能够对抽样估计的准确性和可靠性进行精准的度量，概率抽样逐渐成为抽样调查理论发展的主流。根据是否依据概率随机原则选取样本，抽样调查被分为两类：一类是概率抽样，另一类是非概率抽样。而随着二战后社会民意调查和市场研究兴起，非概率抽样依据其固有的优势，在实践领域取得了较大的应用发展。

概率抽样和非概率抽样孰优孰劣

概率抽样需要事先建立覆盖所有总体单元的抽样框，依据一定的概率以随机原则抽取样本，以保证总体中每个单元都有一定的机会被选中，由于能够计算每个样本单元的入样概率，并能在用样本估计总体时计算出相应的估计误差，据此得到对

总体估计的可靠程度,能为调查结果的评估提供有力依据。相比而言,非概率抽样在抽取样本时并不需要抽样框,也不需要考虑随机原则,而是依据调查者的主观意识抽选样本,由此样本单元的入样概率无从知晓,当用样本数据描述总体特征时无法计算相应的估计误差,调查结果的准确性在一定程度上取决于调查者的主观判断能力。

覆盖总体范围较大的调查为了实现概率抽样,不仅需要复杂的抽样设计,更需要高质量的抽样框保证以一定概率随机抽取样本,这在一定程度上对调查人力、物力和财力投入的要求较高。而非概率抽样不需要抽样框和复杂的设计,操作便捷快速,仅需要较低的调查成本投入。如此对比便一目了然,两者各有所长,不存在绝对的优劣问题,只是适用的环境和条件不同。

对于多数政府统计调查而言,由于其调查结果主要用于生产与国家经济社会发展密切相关的统计指标,且具有强大的调查成本投入能力,因此概率抽样是当前各项政府抽样调查所主要采用的调查方式。其目的不仅在于得到准确反映经济社会发展的统计数据,更需要通过科学的调查方法来保证调查结果的准确性和可靠性。而对于一般的社会民意调查或市场调查研究机构而言,由于调查的目的通常是为了获取有关总体大致的情况,例如公众对某个热点事件的看法趋势,某种产品在同类产品中的市场竞争优势,并不要求对调查精度进行评估,出于效率和操作可行性的考虑也不可能实现高额的投入,因此非概率抽样成为当今市场研究中比较常见的调查方法。

"对症下药"方能物尽其用

通常来说,概率抽样方法包括简单随机抽样、分层抽样、系统抽样、整群抽样、多阶段抽样等,他们的区别仅在于依概率选取样本单元的方法不同。在实践中,这几种概率抽样方法通常需要相互结合,才能保证一项复杂抽样设计下样本对总体的有效代表性。

就市场研究而言,经常使用的非概率抽样方法可以概括为5种:判断抽样、方便抽样、自愿样本、配额抽样和滚雪球抽样。

判断抽样主要是依据调查人员对调查目的和调查对象总体的了解,人为选取样本单元。实践中可以选择总体中的"平均型"单元、"众数型"单元或"特殊型"单元作为样本。主要目的是人为选取的样本能够最大程度的描述总体特征。

方便抽样就是为了最大限度的降低调查成本,依据方便原则选取样本的一种方法,即通常所说的"拦截访问"。该调查主要适合于探索性研究,通过调查发现问题,可作为正式调查前的预调查,但不能根据调查结果对总体信息进行推断。

自愿样本主要用来调查由自愿接受调查的单元组成的样本,比如网络调查或是杂志报纸读者调查,由于接受调查的单元属于某些特定群体,参与调查群体与没参与群体往往具有较大差异,因此样本结构具有独特性,不能用来推断总体,只能用于了解特定群体的信息。

配额抽样是根据事先确定的分类变量将总体单元划分为若干类,把拟定样本数分配到每一类中,在每一类中主观选取既定量的调查单元。这种调查方法需要建立在对总体分类变量信息了解的基础上，例如总体中男女的性别比例，不同年龄段的比例，最终目的是样本结构能够与总体保持一致。配额抽样比判断抽样加强了对样本结构与总体结构在"量"的方面的质量控制，能够保证样本有较高的代表性。

滚雪球抽样是对随机选择的一些被调查个体实施访问，然后再请他们推荐属于研究总体范围的其他调查个体。这种方法用于稀有总体的抽样，稀有总体由于较难接触而会导致调查成本较大，使调查者出于投入成本考虑采用类似滚雪球这样积少成多的抽样技巧。这种调查获取的样本很可能出现偏差，因为样本全部源于那些最初的调查对象，他们之间可能由于过于相似导致样本不能很好地代表总体。

什么时候选择概率抽样，什么时候选择非概率抽样，需要根据调查条件来决定，例如研究性质、对估计误差的容忍度、总体中个体单元特征的变异情况，以及调查操作的可行性等。尽管非概率抽样不能计算估计误差，但实践中常被使用。一方面是操作的考虑，可有效减少抽样框误差、无回答误差等非抽样误差的发生，另一方面是当总体同质性较强时，非概率样本也能很好的描述总体特征。由此，只要根据调查目的和条件"对症下药"，选取合理的抽样方法，就能最大限度地发挥不同调查方法的特点，满足调查的需求。

客观看待"销量篇"广告数据

再回到本文开篇提出的问题，为得到加多宝凉茶市场占有率，假设发布行业报告的市场研究机构采用概率抽样去获取相

关样本信息。首先，调查者需要构造能够涵盖所有凉茶销售渠道的抽样框；其次，需要采用合理的抽样设计满足概率抽选样本的要求。凉茶销售渠道众多，不仅包括我们身边的百货商场、超市，还要包括网络购物平台，显然要构造一个覆盖如此众多且差异巨大的销售渠道抽样框是一件不可能完成的事情。由此看来，市场研究机构最有可能的办法就是采用非概率抽样方法，选取全国有代表性的大中城市的主要大型百货零售商场、超市、专卖店、购物中心，以及主要的网络购物平台，这些销售渠道的销量足以涵盖绝大部分的凉茶市场销售份额，对选取的销售渠道进行调查采样，才能方便可行的获取研究所需数据。

据此分析，只要市场研究机构采用了合理的非概率抽样方法，是能够得到凉茶市场销售份额数据的，2012年中国饮料行业运行状况分析报告公布的72.96％的市场份额代表了该市场研究机构依据自身调查所取得的研究结果，但这种依据非概率抽样调查结果所描述的总体特征，并不能从统计推断的角度给出一个明确的准确性评估，也无法考究其调查结论的可靠性。我们只能以一种客观的视角看待这一结果，毕竟这里的统计数据只是说明其产品的市场竞争力，引导消费者的购买倾向。

作者简介：

陶然，国家统计局统计科研所助理研究员，经济学博士。

抽样调查方法的妙用

侯延军/文

统计可以对自然现象社会经济现象进行计量分析，在千百年的统计理论实践中，人们创造了许多统计方法。有一些统计方法具有效率高、费用低、对调查对象破坏小等特点，以概率论数理统计为理论基础的抽样调查方法是其典型代表。随机现象具有明显的不确定性（随机性），就一次试验或观察而言，其结果难以确定，但若进行大量重复试验，其结果就会呈现某种规律性，即所谓统计规律。概率论数理统计就是要研究和揭示随机现象的这种统计规律性。统计抽样调查方法属于非全面调查，它是按照随机原则，在研究总体中选取一部分调查单位观察，从数量上推算总体。与其他几种非全面调查方法有明显的区别。统计抽样利用高等数学方法，通过样本显示出与总体性质近似的现象，即可以通过抽取的样本推断总体。

统计抽样调查方法有以下五个基本特点：第一，遵循随机原则抽取样本。随机原则，也就是它的调查单位不是人们有意识的挑选出来，而是根据概率论的原理，每个单位都有同等被抽中机会，抽中抽不中完全是随机的、偶然的事情。第二，根据样本资料推算总体。第三，费用低。第四，时效性强。第五，估计、推算的精确性和可靠性。抽样调查方法就部分调查单位的调查结果来估计推算总体，必然有一个准确性和可靠性问题，因为它毕竟不是全面调查，不可能是绝对准确可靠的，只能是相对准确可靠。但是可以用数量表示为一定的精确度和可靠度。人们根据数理统计学所提供的抽样误差理论和方法，可以把估计和推断的误差控制在指定的一定精度和可靠程度上，以满足实际工作的需要。

动物捉放标记法更是令人叫绝。在生物类企业资产计价中，把生物捉一定样本，做上标记待其均匀后，再捉一定数量生物，通过有标记生物占第二次捕捉总量的比例推算总体数量，称为动物捉放标记调查法。它作为统计调查的一种方法，相比传统的统计方法对调查对象一个一个的数，具有天壤之别，有四两拨千斤的奇效。下面就是一个典型的案例：

王小二经营一家鱼塘，近来发现了更好的投资商机，准备顺应城镇化大潮，举家迁往城市，现欲将鱼塘转让，也已找到了买家，但是鱼塘对于这一资产的计价买卖双方分歧很大。对于王小二开挖鱼塘的费用，买家已认可包括鱼塘开挖材料费2万元，人工机械费3.5万元，均有相关原始发票。鱼塘开挖按成本法计价5.5万元。

双方分歧的关键在于鱼塘里的鱼如何计价。王小二认为鱼塘里的鱼价值8万元，买方认为鱼塘里的鱼价值4万元，双方争执不下，谁也说服不了对方。王小二看到鱼塘里的鱼欢快地

抽样调查方法的妙用

游来游去,感到一筹莫展。这么多的鱼也不能都捉上来数一下。鱼塘不能脱手,眼看举家进城的愿望将成为泡影,事业上的雄伟计划也将难以实现。

数日来,王小二为此事愁得是茶不思,饭不想,夜不能寐。按买家提出的价成交,王小二想起自己每天起早贪黑辛辛苦苦喂鱼的情景,实在是心有不甘,何况买鱼苗就花了 2 万元,可按自己说的价,他又拿不出有力的证据说服对方。

有一天,王小二偶然遇到了多年不见的熟人老王,就向他说出了自己的苦恼。从事多年统计工作的老王一听,就给他想了个办法。

老王随着王小二来到鱼塘查看了鱼的情况,翻阅了相关的原始凭证,又问了周边鱼塘的情况,然后胸有成竹地说,资产计价有 3 种方法:

一种是市场法。参考周边鱼塘 3 个成交案例,对成交价格、按成交时间成交面积、鱼种等因素进行修正,最后取 3 个修正价格的平均数作为参考价格。但是王小二的鱼塘周围十里八乡没有鱼塘,没有参考的案例,市场法不能用。

第二种方法是收益法。算出近 3 年养鱼的平均收益,扣除劳动力成本，假设是 1.5 万元/年，假如鱼塘预期使用寿命还有 10 年，那么按 10% 的折现率计算鱼塘价格：

$$\text{鱼塘转让总价} = \frac{1.5}{(1+10\%)} + \frac{1.5}{(1+10\%)^2} + \frac{1.5}{(1+10\%)^3} + \frac{1.5}{(1+10\%)^4}$$

$$+ \frac{1.5}{(1+10\%)^5} + \frac{1.5}{(1+10\%)^6} + \frac{1.5}{(1+10\%)^7} + \frac{1.5}{(1+10\%)^8}$$

$$+ \frac{1.5}{(1+10\%)^9} + \frac{1.5}{(1+10\%)^{10}} = 9.22 \text{（万元）}$$

因为是第一年养鱼，没有往年相关的收益数据，因此收益法也不能用。

第三种方法是成本法。老王让王小二把买家叫到鱼塘，然后准备了几百条红线，在买家的监督下，从鱼塘中捞出 100 条鱼系上红线，确保鱼是活的而且是完好无损的情况下，然后沿鱼塘边每隔几米均匀地把红线鱼再放回鱼塘中，过几个小时后，在鱼塘不同的位置投饲料喂鱼，等鱼混合均匀后，从鱼塘捞出了 500 条鱼，数了数系红线的鱼有 10 条。

设鱼塘的鱼总数为 n，$A = \{\text{系红线的鱼}\}$

根据概率的古典概型，$P(A) = \dfrac{100}{n}$

认为鱼塘中每条鱼被捞的可能性相等，捞出了 500 条鱼，重复观察了 500 次，事件 A 出现的频数为 10，则

根据概率的统计性定义，$P(A) = \dfrac{10}{500}$

则 $\dfrac{100}{n} = \dfrac{10}{500}$

这样推算鱼塘的鱼总数 $n = 500 \div 10 \times 100 = 5000$ 条，取 50 条称一下总重量为 125 斤，每条鱼平均重量 $= 125 \div 50 =$

抽样调查方法的妙用

2.5 斤。

鱼塘鱼总重量＝2.5×5000＝12500 斤。每斤鱼市场收购价为 5 元，鱼塘总价值＝5×12500＝6.25 万元。买家对这个计价过程和结果非常认可。鱼塘转让总价＝鱼的总价＋挖塘成本＝6.25 万元＋5.5 万元＝11.75 元。

王小二和买家当场就签订了转让合同，双方皆大欢喜，看到此情此景老王也有颇多感慨，没想到建立在概率论数理统计基础上的抽样调查有此妙用。

王小二和买家也对老王非常感激，非要送给老王几条鱼作为酬谢。还说如果让我们自己算账，只能把鱼塘水抽干，把鱼都捞上来过秤，不知道要费多少力、花多少钱、死多少鱼、造成多大损失。

作者简介：

侯延军，会计师，统计师，高级经济师，就职于山东省垦利县城市社会经济调查队。

神奇的关联分析

华 锐/文

时下,网购已成为大部分消费者最喜欢的购物方式。当您在网上购买了一本《孕期百科》的时候,网页的下端就会出现一个您可能感兴趣的物品信息,诸如防辐射孕妇服、孕妇奶粉等产品,甚至像血压仪等医疗设备也赫然在列。原来有些家属为了观察孕妇的血压变化,也会购买这类的简单医疗设备。这些提示看似是一个产品营销,但里面却蕴含了一个重要的统计方法,这就是关联分析。

那关联分析到底是什么呢?关联分析是指如果两个或多个事物之间存在一定的关联,那么其中一个事物就能通过其他事物进行预测。即在搜索事物数据库所有细节的过程中,挖掘出隐藏在数据间的相互关系,从中寻找重复出现概率很高的模式或规则。正因为它在超市中的应用非常广泛,我们也将关联分析叫做购物篮分析。

神奇的关联分析

沃尔玛、seven—eleven等大型超市非常善于在数据库浩如烟海的数据中，寻找不同产品之间的关联关系并将其摆放在一起。顾客在购买一种产品的时候，能够轻易地看到相关的其他产品，并进行购买。这看似只是给顾客提供方便，但实际上超市通过这些关联关系，提高了产品销量，增加了销售收入。这些正是沃尔玛等超市成功的重要因素之一。

关联分析在商业上成功的例子不胜枚举。比如咖啡和咖啡伴侣的消费有关联；牛奶的销售会影响到面包，天气与冷饮、矿泉水的销量，世界杯与啤酒的消费。还比如美国华尔街的分析师发现，女性超短裙的长度与股票指数成反比，因为经济萧条期间，女性会减少对长筒袜的消费，结果是裙子变长了。

关联分析在生命科学也有积极的应用，比如全基因组关联分析（genomewide association study，GWAS）。它是应用人类基因组中数以百万计的单核苷酸多态性（single nucleotide polymorphism，SNP）为标记进行病例——对照关联分析，以期发现影响复杂性疾病发生的遗传特征的一种新策略。通过GWAS方法，人们发现并证实了很多与复杂性疾病或人类性状关联的遗传变异，为了解复杂性疾病发生的遗传特征，并试图控制此类疾病的发生，提供了重要的线索。

无处不在的统计（三）

2005 年，Science 杂志报道了首项具有年龄相关性的黄斑变性 GWAS 研究。之后，又陆续出现了有关冠心病、肥胖、2 型糖尿病、甘油三酯、精神分裂症以及相关表型的报道。Genetic Epidemiology、Biometrics 等杂志，以遗传统计学角度，通过对 GWAS 进行统计学方向的探讨和研究，低成本、高效率地找到疾病与遗传标记间的关联。

关联分析甚至在文学和修辞学上也有应用。在一篇分析关于马克·吐温幽默小说的文章中，作者利用关联理论，对小说中常见的明喻、拟人、夸张 3 种修辞手法的分析中得出结论，幽默的产生表面上来源于不同的修辞方法的使用，实际上，这些修辞方法造成了最大关联与最佳关联之间的不协调，这种不协调的机制形成了幽默产生的根源。

由此看来，关联分析在很多的领域都有着积极的应用，并取得了良好的效果。然而，有些关系在统计的意义看似有用，但他们却是伪关联关系或无意义的关联关系。因此，在做这方面研究的时候，一定要做充分的现场观察和验证，去除明显不合理的分析结果。

随着人们对关联分析认识的不断深入，关联分析的方法也逐渐丰富起来，出现了多对多关联分析，灰色关联分析，模糊聚类—关联分析，层次—关联分析，DEA—关联分析，云模型—关联分析，广义关联分析等，他们在不同的领域上大放异彩，不断地探索生活的本质和奥秘，充分地展示着统计的神奇和魅力。

作者简介：

华锐，就职于湖北科技学院数学与统计学院。

游戏中的统计推断逻辑：点估计

黄恒君/文

统计科学，从方法角度讲，主要是指对研究对象（统计总体）的统计描述和统计推断。

统计描述是统计学人分析问题的基本出发点，它以浓缩的数量特征对复杂统计研究对象进行抽象刻画。这种抽象刻画，主要是指以"求平均"为核心的平均指标、变异指标和相关系数等所形成的定量描述系统。笔者曾以吹气球、玩木棍等儿时游戏，在《游戏中的统计思维逻辑》一文中对抽象统计描述系统思想进行直观解释。然而，要进一步理清统计学人的思维方式，不能仅停留在统计描述上。

在研究和实践中，统计总体是未知的，其数量特征也无从算起，否则就不会有统计推断一说；但统计总体是可以认识的，否则整个统计科学也就不可能存在。

如何进行统计总体的认识活动呢？唯有依靠统计推断为管

无处不在的统计（三）

道，来窥见统计总体之一斑。因此，统计方法的生命力在于统计推断；令人生畏的复杂之处，可能也在于统计推断。但与统计描述系统一样，抽象、复杂，只是统计推断的表象，其本质上的逻辑却是平凡的，与生活中的思考方式并无二致。

何为统计推断？按照频率学派观点，直白地讲，就是利用局部信息（随机样本）对统计总体数量特征（往往是统计描述指标）的具体数值进行猜测。猜测不是瞎蒙，需要对猜测的合理性进行说明，同时，还要对这种猜测是否靠谱进行判断，进而达到认识统计总体的目的。统计学人把"猜测"称为参数估计（包括点估计和区间估计），把"判断"称为假设检验。

为了进一步对统计推断思维逻辑进行生活化的说明，笔者以非常普及流行的飞镖游戏为例，尝试直观表述统计推断中的点估计思维逻辑，并就点估计原理对"数据打架"现象的解读提出看法。

点估计与飞镖游戏

飞镖游戏起源于英国，是一项风靡全球，集趣味性、竞技性于一体的休闲运动项目，既可用于比赛，又可作为工作、学习之余的消遣。从统计学的角度看，飞镖游戏暗含了点估计的统计推断思维逻辑，可以用来直观说明点估计的原理。简单起见，假定4位选手（A、B、C、D）参加飞镖比赛，飞镖盘采用黑白相间的同心圆。前3位选手的比赛成绩如图1所示，第4位选手的比赛结果单独列出，如图2所示。其中，小黑点表示各位选手投掷飞镖的结果，飞镖盘中心的"笑脸"图案表示靶心。

游戏中的统计推断逻辑：点估计

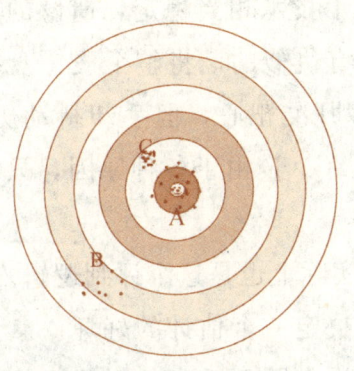

图 1　掷飞镖结果 1

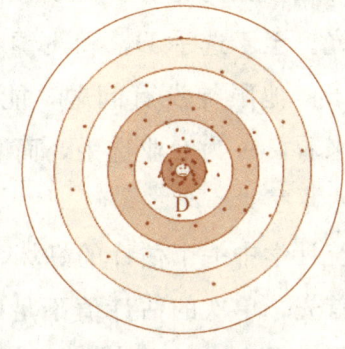

图 2　掷飞镖结果 2

那么这些密密麻麻的小黑点和点估计又是怎么扯上关系呢？实际上，只要是估计，总要有一个估计目标，通俗地讲，估计就是猜测，总有一个可能被猜中的"正确"答案。若以总体均值作为目标，该目标或"正确"答案就在图1、图2飞镖盘中的靶心"笑脸"的位置。各位选手的每一次投掷（其结果表现为小黑点），可以看成是估计或猜测的一次尝试，统计学人称为估计量（其结果称为估计值）。猜测总有准或不准的问题，我们还需要游戏评委对比赛结果作进一步地解说。

在飞镖游戏中，我们不能只看一次投掷结果，更重要的是透过多次投掷结果去分析评判一位选手的竞技素质。要反映一位选手的竞技素质，至少可以从两个方面着眼：

①眼神好坏：是否能盯准靶心；②投掷技术稳定性：手发抖的程度。游戏评委按照这两个标准，对4位选手竞技素质作了评判：选手A的投掷结果紧密围绕靶心，可以断定其眼神好使，手不抖。选手B的投掷结果密集在飞镖盘的左下角，说明该选手手虽不抖，但严重斜视，你不能说该选手技术不稳定，但由于眼神问题，不能很好瞄准靶心。选手C投掷结果非常密

集，却略微偏离靶心，说明该选手技术相当稳定，遗憾的是略带散光。至于选手 D，和飞镖靶有仇似的，将整个飞镖盘打成了麻子。他眼神没有问题，能够盯准靶心，但手却抖动厉害。这样来看，A 为专业选手，而 B、C、D 由于各种原因，只能是业余水平了。

统计学中一个估计的好坏，实际上也是这个评判逻辑。

首先，单次的估计值不足以决定一个估计的好坏。拿上面的飞镖比赛来讲，再稳定的选手也有踩西瓜皮的时候，比如选手 A 也可能阴错阳差投出脱靶的飞镖来，虽然这种可能性并不大。而选手 B 也可能投出正中靶心的结果，那是他歪打正着。

其次，估计的好坏，正如一个选手的竞技素质。投掷技术稳定性，即手的发抖程度，对应估计量的方差。而眼神好坏，即是否能盯准靶心，对应估计量的偏差。所有眼神好使选手的投掷（这里为 A 和 D），在统计上，对应无偏估计。若在眼神好使的选手里面论英雄，则手不抖者胜，显然选手 A 毫无争议摘得桂冠，这在统计上对应为有效估计。至于选手 B 和 C，由于眼神问题，在这样的标准下，连排名的资格都没有。

如此一来，选手 C 必然会喊冤，他觉得自己的投掷结果离靶心很近，不能单以眼神定成败。游戏评委考虑到专业选手并不多见，在业余选手中也需要定个标准来决定名次。因此，将眼神好坏和投掷技术稳定性综合起来考虑，给出的结果是选手 C 强于 D。这在统计上便对应于著名的均方误差准则及其分解问题了。

事实上，统计学许多分支，如抽样调查理论（仅就准确性而言）、回归分析理论（包扩参数和非参数）等，在参数估计中的主要思维逻辑仅此游戏而已。而广大统计学人，便是游戏评委。

点估计、蒙眼飞刀与"数据打架"

当然，事情还没结束。正如本文开头指出，统计总体是有待认识的，进而估计目标的数值是未知的。换句话说，靶心的位置是未知的，上述飞镖比赛例子仅用于点估计理论的直观解释，而实际的点估计过程更像杂技表演中的蒙眼飞刀。虽然看不见靶的位置，但一个训练有素、技术过硬的杂技演员能够把飞刀射到恰当的位置，不至于打得靶上的演员满脸刀子，闹出人命。但我们不可苛刻要求表演者在蒙眼的情况下，每次都把飞刀打到相同的位置。

图3 蒙眼飞刀

同样地，总体参数存在但是未知，一个理论性质良好的估计量应该能够把总体参数猜得七七八八，不至于太离谱。至于单次估计值离目标数值到底有多近，我们可能永远不会确切知道。

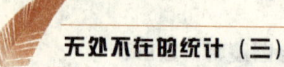

统计学的基本理论方法由西方人提出，但其基本思维逻辑显然和西方人非对即错、非此即彼的思考方式不太一样。若采用中国传统哲学对中有错、错中有对的"S"形思维逻辑，问题就比较好理解了。从这个角度讲，中国人更加适合学统计、懂统计。

让我们由点估计和飞镖游戏继续展开联想，来谈谈社会公众所关注的"数据打架"现象。一般来讲，只要是动手打架，人们就认为不是好事，就得移交相关部门处理。同样地，社会公众看待"数据打架"问题，也喜欢将原因归结于非技术人为因素。其实，"数据打架"的原因有很多，包括统计口径因素、质量控制技术因素，还有估计理论本身的因素等。

在统计实践中，1+1=2的式子在绝大多数情况下是不成立的，若按照非此即彼的思维逻辑，"数据打架"是必然的。但关键要看架打得合不合理。好比你不能要求选手A每次都投出相同落点的飞镖来，若"数据打架"是估计理论层面的，不可避免，正如任何一位比赛选手可以通过不断训练来提高竞技水平一样；若"数据打架"是技术层面的，可以改进。这种在和谐中争斗，在争斗中改进的架，笔者认为可以打，打打更健康。若发现某位选手在比赛中作弊，即非技术人为因素导致的"数据打架"，这是绝对不能姑息的。总而言之，在碰到"数据打架"的现象时，应该冷静下来分析原因，切不可人云亦云。

统计学的理论、方法对于初学者以及部分实践工作者来讲是头疼之事，对于需要正确解读统计数字的社会公众是十分令人困惑之事。然而，正确认识统计的内涵、灵活运用统计思维和正确把握统计逻辑与日益丰富与复杂的人类改造自然的社会实践活动是不可分割的。笔者认为，了解统计推断的思维逻辑，可能比掌握推断方法本身更加重要，为此，选取游戏比赛的思维方式，尝试对点估计这种统计推断方法作出直观描述，以便大家理解。

作者简介：
黄恒君，兰州商学院统计学院讲师，博士研究生。

无处不在的统计（三）

天算不如人算
——趣谈概率思想

曾 旦/文

概率是统计重要的思想，人们虽然听说过概率，但在生活中却没有培养真正的概率意识，即使有也是模糊不清。其实生活中许多有趣的故事与概率相关，加深对概率的深一层理解，可指引我们探索生活中随机事件的哲理。

偶然中的必然

大千世界，所遇到的现象不外乎两类：一类是确定现象，另一类是随机遇而发生的不确定现象，这类不确定现象叫做随机现象。如在标准大气压下，水加热到100℃时沸腾，是确定会发生的现象。又如用石蛋孵出小鸡，是确定不可能发生的现象。而人类的生男育女、适当条件下种子发芽等等，则是随机现象。我们生活着的世界,充满着不确定性。人们虽然能够精确地预卜尚未发生的确定现象的必然事件,却难以预卜尚未发生随机现象的随机事件。因为我们就生活在这种随机事件的海洋里。

从表面上看,随机现象的每一次观察结果都是偶然的,但多次观察某个随机现象可以发现:在大量的偶然之中存在着必然的规律。比如一枚均匀的钱币掷到桌上,出现正面还是反面预先是无法断定的。我们掷的钱币不止一枚,或掷的次数不止一次,那么出现正、反面的情况又将如何呢?通过历史上几位名人的投掷钱币的试验记录。可以看出,投掷的次数越多,频率越接近于 0.5。为什么有这样的规律呢?第一个科学揭示其中奥秘的,是世界数学史上著名的贝努里家族的雅各·贝努里。他的名著《推测术》是概率论中的一个丰碑。书中证明了极有意义的大数定律,这个定律说明:当试验次数很大时,事件出现的频率和概率有较大偏差的可能性很小。因此可用频率来代替概率。

我国的几次人口普查统计表明,男、女婴出生数的比例是 22:21。为什么男婴出生率要比女婴出生率高一些呢?这是生物学上的一个有趣课题。原来人类体细胞中含有 46 段染色体。这 46 段染色体都是成对存在的,分为两套,每套中位置相同的染色体,具有相同的功能,共同控制人体的一种性状。第 23 对染色体是性染色体,这一对因男女而异:女性这一对都是 X 染色体。男性一条是 X 染色体,一条是 Y 染色体。由于性细胞的染色体都只有单套,所以男性的精子有两种,一种含 X,一种含 Y,而女性的卵子,则全部含 X。生男生女取决于 X 和 Y 两种精子同卵子结合。如果带 Y 染色体的精子同卵子结合,则生

无处不在的统计（三）

男；如果是带 X 染色体的精子同卵子结合，则生女。大概是由于含 X 染色体的精子与含 Y 染色体的精子之间存在某种差异，这使得他们进入卵子的机会不尽相同，从而造成男婴和女婴出生率的不相等。

以上事实表明：在大量纷坛杂乱的偶然现象背后，隐藏着必然的规律。"频率的稳定性"就是这种偶然中的一种必然。

解读《范进中举》

范进从年轻时就考秀才，屡试不第，直到 54 岁才中了个举人。如果求他中举的可能性为多少，我们可以用概率论的知识来解决：假设每一次考试范进考中的概率为 0.3（概率很小），则连续 10 次都不中的概率是 $(1-0.3) \times 10 \approx 0.0282$，即高中的概率为 $1-0.0282=0.9718$，即为 97.18%，所以他最后一次中举是肯定的。

天算不如人算——趣谈概率思想

概率之战

有这样一个古老的故事，国王想处死一位大臣，但又不想落下"暴君"的名声。行刑之前，执行官将两个纸条递给大臣示意他抽取一个，大臣抽了一个将其塞进嘴里吞了下去，说他接受了神的审判，剩下的字条就知道他吞进去的是什么了。执行官一看，剩下的字条上写的"死"。

这是天意吗？其实这只不过是大臣与国王的一场概率技巧之战。国王将两张纸条都写上"死"来笃定大臣必死，可天算不如人算，大臣运用概率的技巧更胜一筹。故虽"天有不测风云"，仍可以"预报"天气。

未知输赢的分配

这是一则概率论起源的故事。更早些时候，法国有两个大数学家，一个叫做巴斯卡尔，一个叫做费马。巴斯卡尔认识两个赌徒，这两个赌徒向他提出了一个问题。他们说，他俩下赌金之后，约定谁先赢满 5 局，谁就获得全部赌金。赌了半天，A 赢了 4 局，B 赢了 3 局，时间很晚了，他们都不想再赌下去了。那么，这个钱应该怎么分？

是不是把钱分成 7 份，赢了 4 局的就拿 4 份，赢了 3 局的就拿 3 份呢？或者，因为最早说的是满 5 局，而谁也没达到，所以就一人分一半呢？这两种分法都不对。正确的答案是：赢了 4 局的拿这个钱的 3/4，赢了 3 局的拿这个钱的 1/4。

为什么呢？假定他们俩再赌一局，或者 A 赢，或者 B 赢。

若是A赢满了5局,钱应该全归他;A如果输了,即A、B各赢4局,这个钱应该对半分。现在,A赢、输的可能性都是1/2,所以,他拿的钱应该是1/2×1+1/2×1/2=3/4,当然,B就应该得1/4。

通过这次讨论,开始形成了概率论当中一个重要的概念——数学期望。在上述问题中,数学期望是一个平均值,就是对将来不确定的钱今天应该怎么算,这就要用A赢输的概率1/2去乘上他可能得到的钱,再把它们加起来。

概率论从此发展起来,今天已经成为应用非常广泛的一门学科。

作者简介:

曾旦,就职于江西省吉安市峡江县统计局。

条件概率判断历史悬案

金 明/文

概率论与数理统计是研究随机现象统计规律的一门学科，由于在生产生活等各个方面随机现象具有普遍性，使得概率论与数理统计具有极其广阔的应用。

什么是条件概率

条件概率是概率论中的一个基本工具，在现实世界里很少存在单一的不受别的事件影响的情况，由于事件的概率经常会由于其他事件的影响而发生改变。在实际生活中，推断一个事件发生的可能性大小，比如"张三是杀人犯的可能性有多大？""这个人能胜任该项工作的可能性有多大？""明天会下雨的可能性有多大？"等往往需要根据一些条件或前提去推断，这个就是条件概率的思想。

例如，2007 年某网站放出消息，说香港影星刘德华被暗杀，那么这个消息可靠吗？我们来做个简单的推断：

设事件 A：刘德华被暗杀，则问题转化为：A 发生的可能性到底有多大？即 $P(A)$ 的大小。

直接推断 A 的概率很难，但可增加一个条件：随机事件 B。

事件 B：没有一家正规的报纸、电台报道刘德华被暗杀。

则在 B 发生的条件下，再来推断 A 的概率，即估计 $P(A\mid B)=$？

很明显，刘德华是国际巨星，著名的演员、歌唱家，全亚洲甚至全世界都有很多的粉丝。如果他真的被暗杀，重要媒体肯定要报道。

所以在 B 发生的前提下，随机事件 A 发生的可能性很小，即 $P(A\mid B)\approx 0$。

所以我们认为：刘德华被暗杀这个消息的可能性是微乎其微的，甚至是不可能发生的。

再例如，大家熟知的看羊小孩的故事，为什么开始人们相信这个小孩，后来就不相信了呢？

条件概率判断历史悬案

第一次小孩叫"狼来了!"大家对他说"狼来了!"(设为 A)的可信度为 $P(A)$,$P(A) \approx 1$,即大多数人很相信小孩说的话;这里的 $P(A)$ 称为先验概率。

后来,若干次发现上当受骗(B),则 $P(A|B) \approx 0$,即大多数人不再相信小孩的话。这里的 $P(A|B)$ 称为后验概率。

条件概率 $P(A|B)$ 与概率 $P(A)$ 相同点都是求 A 的概率,不同之处是:后者参照的前提(即样本空间)是 Ω,前者参照的前提是 B,显然两个概率的意义、大小也不一样(类似于:以全校作为范围评定一个大学生优秀的级别和以一个班级作为范围评定他优秀的级别肯定是不一样的)。

从分析的过程我们其实也可以发现:既然 $P(A)$ 参照的前提条件是 Ω,我们把 $P(A)$ 也可看成是条件概率:$P(A|\Omega)$,很显然 $P(A)=P(A|\Omega)$。

所以我们可以得出这样一个有趣的结论:条件概率是特殊的概率,任何概率也可以看成是特殊的条件概率。

条件概率的典型案例

条件概率在实际生活中有什么用途呢?这里举历史上两个著名刑事案例,说明条件概率在实际生活中的推断作用。

1. 辛普森(O. J. Simpson)杀妻案。

1994 年前美式橄榄球运动员辛普森(O. J. Simpson)杀妻一案成为当时美国最为轰动的事件。此案当时的审理一波三折,辛普森(O. J. Simpson)在用刀杀前妻及餐馆的侍生郎·高曼两项一级谋杀罪的指控中以无罪获释,仅被民事判定为对两人的死亡负有责任。本案也成为美国历史上疑罪从无的最大案件。辛普森是当年著名的橄榄球明星，因为涉嫌杀害自己的妻子被起诉，引起轩然大波，当时估计全美有 1 亿人看了对这个案件的电视转播。

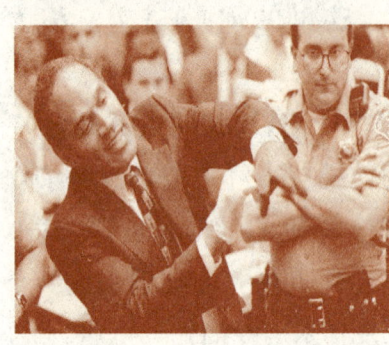

在 9 个月的马拉松式审判中，有一个用数学来辩护的小插曲。就是在对于虐待妻子这一条上，大律师 Alan 用概率的方法在法庭上辩解：美国每年有 400 万妇女被丈夫或男友殴打，可是美国每年只有 1432 名妇女被丈夫杀死，这样说明那些长期虐待妻子的男人最后出手杀人的概率也就 1/2500，检方的说法不靠谱。Alan 的辩词似乎听起来挺有道理，检察官一时"反应不过来"，提不出好的理由进行反驳，辛普森无罪获释。

案例分析：可是从概率的角度上看，Alan 的辩词只是狡辩而已。我们定义事件 A 是一个美国人虐待了妻子，B 是一个美国人杀了妻子。在事先没有任何给定信息的前提下，Alan 律师估计的条件概率是 $P(B|A) = 1/2500$。

现实情况是：事件 A 已经发生，辛普森确实虐待了妻子，概率为 1。他的妻子被杀的事情也已经发生，只是不清楚谁是凶手。$P(B|A)$ 中 A、B 真正的定义应该是：

A：一个人虐待了妻子并且妻子被杀；

B：凶手正是这个人。

根据资料，$P(B|A)$ 可以达到 90% 之高，也就是说在所有遭到谋杀的被虐美国妻子中，90% 是被施虐者杀害。不过在庭审的时候，检方并没有能及时提出这个论点，不幸让 Alan 律师的诡辩得逞。

2. 行刺美国总统里根案。

1981 年 3 月 30 日，美国总统里根在华盛顿希尔顿饭店召开的一次劳工集会上发表演讲后遭到枪击胸部受伤，同行的白宫新闻秘书詹姆斯·布雷迪、一名华盛顿当地警察以及一名联邦特工也在枪击中受伤。行刺的枪手是 25 岁的科罗拉多州失业青年 Hinckley。

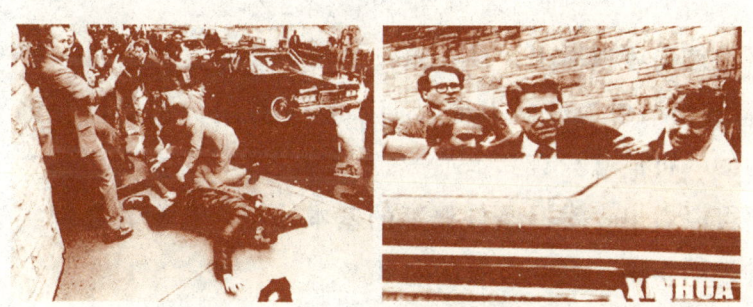

在 1982 年审判他时，Hinckley 以精神病为理由作为其无罪的辩护。在 18 个医师中作证的医师是 Daniel R. Weinberger，他告诉法院当给被诊断为精神分裂症的人以 CAT 扫描（计算机辅助层析扫描）时，扫描显示 30% 的案例为脑萎缩，而给正常人以 CAT 扫描时，只有 2% 的扫描显示脑萎缩。Hinckley 的辩护律师试图拿 Hinckley 的 CAT 扫描结果为证据，争辩说因为 Hinckley 的扫描展示了脑萎缩，他极有可能患有精神病，从而免予受到法院的起诉。

案例分析：令 $A=\{$该人是精神病患者$\}$

$B=\{$该人 CAT 扫描为脑萎缩$\}$

由医师资料可以得知，$P(B|A)=0.3$，$P(B|\bar{A})=0.02$

一个国家所有人群中，得精神病的比例一般是比较低的，如美国，不会超过 1%，假定为 1%，即 $P(A)=1\%$。

因为 Hinckley 已经 CAT 扫描为脑萎缩，要断定他是精神病人的概率是多大，即要计算 $P(A|B)$。

根据贝叶斯公式计算：

$$P(A|B)=\frac{P(B|A)\times P(A)}{P(B|A)\times P(A)+P(B|\bar{A})\times P(\bar{A})}$$

$$=\frac{1\%\times 30\%}{1\%\times 30\%+99\%\times 2\%}=0.1316$$

由结果可以看出，Hinckley 的辩护律师试图拿 Hinckley 的 CAT 扫描结果为证据来证明 Hinckley 有精神病是没有多少说服力的（可信度只有 0.1316）。

可以看出，掌握条件概率的基本知识，了解其在现实生活中的推断作用，具有重要的意义。

作者简介：

金明，高级统计师，成都信息工程学院副教授、硕士生导师，国家统计局财务司预算处副处长。

从"五年生存率"谈起

夏乐敏/文

医学上常采用"五年生存率"来评价癌症的治疗效果。但不少人（包括病人和家属）听到 5 年生存率的说法，往往误认为患者只能活 5 年，5 年是个大限。如果 5 年生存率只占 30％ 的话，患者是否能侥幸在这范围之内仍是问题。

其实，5 年生存率只是医学上的一个统计，它并不指具体患者个案。即使是医学统计至 5 年，也并不是说你的个案限于活 5 年。实际上被确诊癌症后，活到 5 年以上的人随处可见，而且活得越长，再次复发的机率也越低，生存率还可以提高。

据 5 年生存率统计，癌症患者活不到 5 年，大多并非手术或治疗不成功，而是在治疗前已经转移或残留在体内的癌细胞经过一段潜伏时间，又在重新增殖或通过淋巴和血管在别处形成新灶。故当医生告诉患者，病灶部位癌肿已经全部切除，手术相当成功，这还不能算治愈，只能说病情得到缓解和控制

（稳定）。只有当癌症患者经过治疗后生存时间超过5年，又无任何复发迹象者，才可以认为临床治愈。

现代医学会用到很多统计学方法，"五年生存率"就是其中的一种。统计学是一种数学方法，说白了也就是计算结果。有些事情不经过统计是无法知道结果的，比如地球人口的总数，不一个一个数就无法确知地球到底有多少人。因为人太多，而且影响统计准确率的客观因素也太多，并且还要考虑时间的因素，所以制定一个合理的统计方法是很必要的。其他方面大到国内生产总值、企业销售收入，小到个人年均总收入，都要经过统计才能知道结果。可见统计无论对国家、集体还是个人，都应该算是一件很重要的事。

统计学有个前提，就是在实施统计之前它的统计对象一定是一个未知数，如果结果已知，统计过程也就失去了实际意义。谁会对着早已知道准确数目的一叠钞票没完没了地数个不停呢，除非是守财奴或是强迫症患者，但这种数个不停其实已经不是统计学意义上的统计了，而是一种贪婪或是病态的表现。统计学还必定有个明确的目的，即统计的过程是想知道一个未知的结果。比如想调查一个公共厕所的平均客流量，就必须在一定时间内准确计算出入厕所的人数，然后再除以一个单位时间，就会得出在单位时间内出入公厕的平均人数。

现代医学为什么要引入统计学？举个例子：比如一种新研制出来的药物正式准备应用于临床，对于现代医学来说，有效率以及一些服药之后的副作用都是一个未知数，这些都是需要做临床统计工作的。现代医学引入统计学目的已经很清楚了，主要是为了两个未知数，一个是药物，一个是疾病，以及随之而来的药物对疾病的作用。因为未知，所以要统计，这才是科

学的精神。前面已经说过，统计是对于求知未知数不得不采用的方法，如果是一个已知数，统计就失去了意义。比如，用锤子砸玻璃玻璃会碎，并不需要把所有的玻璃都砸碎，才能得出锤子能砸碎玻璃的结论。又比如，用枪能打死人，也不需要打死所有的人才能证明这个结果。很显然，有些结果是经验可以证明的，统计实际上也不过是一种经验的重复而已。如果一切事实都需要用统计来证明，那么人类就连自身的存在也无法证明了。

话题再回到医学上，现代医学的统计学实质是在积累一种经验，因为不能像锤子砸碎玻璃那样百发百中，所以需要计算一下命中率，从而能给下一个人能有一个命中的预估。所以在医学中，大量运用统计学，其目的只有一个：让数据尽量科学，让患者明明白白地去诊断、治疗。

作者简介：

夏乐敏，博士研究生，就职于上海中医药大学。

无处不在的统计（三）

"离婚率"：让你认识真实的我

刘 茜/文

家庭作为组成社会的最小单元，它的稳定直接反映着社会的稳定状况。而网络上不断爆出的"北京离婚率达39％"、"上海离婚率达38％"等新闻引起社会大众的广泛关注。大家一边唏嘘离婚者对婚姻的草率态度、批评80后及90后的叛逆，一边发出了"今天，还能相信爱情吗"的疑问。在此之余，却少有人去探究这些离婚率的计算过程及其所包含的真实含义，事实上婚姻状况真的如此不堪吗？

首先，我们要了解"离婚"的真实含义。联合国人口统计年鉴将"离婚"定义为：一桩婚姻在法律上的最终解体，夫妻双方分开，并按照国家的法律在民事、宗教或者其他条件下都有再婚的权利。"离婚率"是衡量一个地区婚姻和睦和稳定性的重要指标，较高的离婚率意味着家庭小单元的不稳定，从而可能带来社会的不稳定。

"离婚率":让你认识真实的我

"离婚率"从性质上讲应是统计中的"结构相对数",大家所熟知的"失业率"也同属于"结构相对数"范畴。依据"离婚率"的统计性质,它的计算应是离婚对数占现有已婚对数的比率。目前,计算"离婚率"的主流方法有以下四种。

1. 粗离婚率。

国际《人口学词典》中将粗离婚率的计算定义为:某一时期离婚件数与该时期平均人口之比。

粗离婚率=(年离婚对数/年平均人口总数)×1000‰

2007年以前中国《人口学词典》中采用的是"全年离婚人数",之后改为"全年离婚对数",其优点在于数据易得,计算简便。正是基于这个优点,目前很多国家都是使用此种方法来计算本国的离婚率情况,中国民政部综合计划司和婚姻管理司依照便于计算、易采集数据及与国际保持一致的原则,决定同意离婚率的统计的计算口径,即采用与国际《人口学词典》中计算"粗离婚率"相同的方法计算中国的"粗离婚率"。而我国统计年鉴中离婚率的计算则是采用的"当年离婚对数×2"作为分母来计算粗离婚率。

但是,此计算公式也存在着一定的缺陷。它把非适婚人口也计算在内,分子分母的口径存在着差异因此在一定程度上低估了一地的离婚率。横向比较时,地区间的人口年龄分布差异性会扭曲离婚率的比较。纵向上,离婚率的时间趋势变化也易受到当地人口年龄结构变化的影响,不能客观真实的反映一地区某段时间婚姻的稳定情况。

2. 一般离婚率。

维基百科中定义了一般离婚率的计算公式为:每1000名已婚妇女的离异情况。公式如下:

一般离婚率＝（离婚妇女数/已婚妇女数）×1000‰

此种计算方式弥补了粗离婚率的不足，保证了分子与分母的一致性，不会受当地人口年龄结构的影响，因此也被认为是目前测度离婚率最好的方法。但是此种方法的数据可得性较差。美国在计算"离婚率"是采用"一般离婚率"和"粗离婚"两种计算方式。

3. 当年离婚数与结婚数之比。

此种方法计算虽然简单但是数据过于粗糙，统计含义不好解释。如果某地某年度的离婚数多余当年结婚数则会得到一个大于"100％"的"离婚率"，这显然是不符合大家对"离婚率"的感性认识的，同时也不好解释。而网络上所发布的那些抓人眼球的数据大多是通过这种方法计算得到的。此种方法虽然克服了粗离婚率中受非适婚人口数量影响的缺点，但是却受到了地区结婚对数变化的影响。也就是说，当一地区实际离婚对数很多时，也可能被当年的增加的结婚对数所掩盖；相同的，即便一地离婚数很小，也会因为当地同时段较小的结婚数而放大此地的"离婚率"。

4. 直接以离婚对数来衡量一地区的婚姻状况。

由于使用的是绝对数，自然也就有着绝对数在反映事物中的缺点。尤其是像我国这样一个拥有31个省市自治区的国家，

"离婚率":让你认识真实的我

各地区人口差异性极大。以 2010 年为例,广东省人口达 10430 万人,而海南省仅 300 万人,在比较人口悬殊如此之大的两省婚姻稳定情况时,若以离婚对数作为衡量标准,则要与实际谬之千里了。此种计算方法只有在所要比较的两地已婚对数相当时才有意义。因此,此种方法的适用范围相当有限。

从以上衡量"离婚率"的几种方法可以看出,不同计算方法间不具有可比性,攀升的离婚率不一定就是婚姻市场的恶化,这很可能仅仅是因为计算期内的结婚数比上一期小而已。如果想要正确的认识两个地区间"离婚率"的差异,需要在同一计算方法下进行,且需选择合适的方法。

以后大家看到媒体抛出的高离婚率数据时,再也不必过于惊慌了,只需正确理解其所采用的计算方式,就可以坦然接受,再度相信爱情了。

作者简介:

刘茜,就职于江西财经大学。

无处不在的统计（三）

不妨看一些统计科普书

李亚杰/文

伟大的科学家爱因斯坦说过：兴趣是最好的老师。这就是说一个人一旦对某事物有了浓厚的兴趣，就会主动去求知、去探索、去实践，并在求知、探索、实践中产生愉快的情绪和体验。古人亦云：知之者不如好之者，好知者不如乐之者。兴趣对学习有着神奇的内驱动作用，能变无效为有效，化低效为高效。

作为一名大学数学教师，在为学生讲授概率统计课程过程中，我深深体会到，拥有一本好的入门书，能给学生打开眼界，使得授课知识变得浅显易懂，易于培养学生对于科学知识的兴趣。最好的统计学入门书，就是那些开启兴趣之门的科普书籍，让我们看看那些有趣的统计科普书籍吧！

不妨看一些统计科普书

《女士品茶》：越品越有味

若说到统计学的科普书籍，这本书几乎是所有学过统计的人首推的一本关于统计学的科普书籍。它不是一本女性读物，也不是一本介绍饮茶文化的书籍。如果只看书名标题，你可能会产生误解，很难将其与统计学联想到一起。不妨看看写在封面最上面那一行的字：20世纪统计学是如何影响科学革命的。相信这样一个气势宏大的副标题应该能打消不少人心中的疑虑。本书以英国剑桥一群科学家及其夫人们在一个慵懒的午后所做的一个小小的实验为开篇，为读者展开了一个别样的关于20世纪统计革命的世界。《女士品茶》是一本名人故事集。每一个章节的内容，作者都是以某一个著名统计学家的介绍为开端，并以此为支点开始介绍与之相关人物的故事以及他们所做的富有创造性的工作，以此来描述20世纪科学界的统计革命。

当然，你不需要被这样一个充满了豪情壮志的题目给吓倒，这本书实际上并没有这么的野心勃勃——它的内容真的旨在介绍。

正如作者所说，"写这本书的初衷是为了向那些没有数学专业背景的人士解释这场统计革命，我已经尽力描述了在这场革命背后的基本思想，它将如何应用于其他科学领域？它将如何最终主导几乎所有科学领域？我也尽力用语言和实例解释了一些数学模型，使大家不用再去研究抽象的数学符号就能够理解。"本书把很多概念都形象化，既便于理解又能加深印象。但也需要注意的是，本书中涉及的统计概念实在太多，而作者的主要目标却不是其中的哪一个知识点。对于没有接触过统计的

无处不在的统计（三）

人以及只有初步涉猎过统计学的人来说，要想完全深入理解本书中涉及的统计内容可能会有难度，如果想深入学习，还需要阅读专业性更强的书籍才行。因此，推荐这本书作为初级读物的意图主要是为了培养读者对于统计学的兴趣，对于已经学过了统计的人来说则是知识的统筹和梳理了。

《统计陷阱》：教你学会读数的本领

生活在一个信息大爆炸的时代，我们每天都会接收到数以千计的信息，这是大数据、云计算的时代。报纸、杂志、电视、广播、网络，都是信息的来源。为让消息更有说服力，媒体总在要说明某一情况之后附上一个统计所得的数据。然而，那些数据、资料是真的吗？是否被媒体和宣传机构们利用，是否存在陷阱？假的统计资料会对读者形成误导，不会起到描述事实、传递信息的作用，所以要小心统计陷阱。作为一名有着深厚统计背景的新闻记者，达莱尔·哈夫通过广泛调查、收集案例，写了这本揭开统计骗局的书。

这本书自1954年出版至今，多次重印，也被译为多种文字，影响十分深远。廖颖林将其译为中文版并于2002年在上海财经大学出版，而在2009年，这本书又经由中国城市出版社出版，书名改为《统计数字会撒谎》。

《漫画统计学入门》：娱乐学习两不误

作为一个漫画大国，日本漫画家们不仅能用漫画讲或热血或浪漫或搞笑的故事，在各类漫画将读者们迷得寝食难安的时

不妨看一些统计科普书

候，他们又将各个学科的知识插入到了漫画之中，娱乐补习两不误。

《欧姆社学习漫画》丛书系列一共有23本书，内容分为电气电子类、物理类、数学类以及其他四个类别。整个系列的丛书都是将高深的理科知识与卡通的漫画形象结合在一起，以一个完整的故事将这些知识点串联起来。《漫画统计学入门》就是这个系列丛书中的一本。

《漫画统计学入门》讲述的是一名叫琉衣的高中女生和她的家庭教师山本在统计补习课上发生的事情。作者借由家庭教师山本之口将各种统计学的基础知识加入到了漫画的剧情当中，而琉衣则负责提出没有统计背景的人可能遇到的问题。

如果说到漫画与专业统计知识的结合，《欧姆社学习漫画》并不是第一个这么做的科普书籍。实际上，在1993年，拉里·戈尼克和沃尔科特·史密斯就合著了一本《Cartoon Guide To Statistics》，这本书被全美数十所大学用作参考书，还被翻译为多种文字，深受读者喜爱，此书也在2001年由梁杰等人翻译成中文版并经由辽宁教育出版社出版，出版的书名为《漫画统计学入门》，在2010年1月，中国人口出版社再次出版这本书，书名为《漫画玩转统计学》，译者为袁航。

《机会的数学》：学会就有机会

我们在生活中不时地要与偶然性打交道。不期而遇的偶然机会，可以帮助人们渡过难关，也可能使人陷入困境，甚至决定一个人一生的命运。偶然性看似不可捉摸，它能否成为科学研究的对象呢？我们说在一定程度上是可以的。所以说"在一

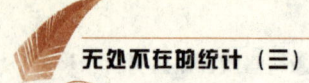

定程度上",反映了我们知识的局限性。的确,我们现在不能说已成功将偶然性的极其多样化的表现都纳入科学研究的范围,而只能说有部分的成功。本书的目的就是对此作一个通俗而不失科学性的讨论,主要着重于它在收集和分析数据上的应用。陈希孺写的这本科普书《机会的数学》,用通俗生动的实例为数理统计学的应用做了最好的诠释。

这本书属于《院士科普书系(套装25册)》套装之一,该科普书籍套装涉及多个学科领域,内容包括:《对称与不对称》《来自微观世界的新概念——单分子科学与技术》《计算机怎样解几何题——谈谈自动推理》等。

《爱上统计学》:看你一次爱不够

正如这本书的名字一样,看完这本书,你会爱上统计学。从这本书的序言部分来看,作者写这本书的初衷就是为了告诉他的学生们,其实统计学并不像他们想象中的那么难。而为了告诉读者为什么要学习统计学,作者在第一部分开始就举了三个例子,用这三个案例的结论,点明这门整理、分析资料,并使得资料更容易理解的学科使得研究任务可行。

全书理论部分不多,但较全面地介绍了从描述统计到推论统计的很多内容,并且内容浅显,非常适合初学者学习使用。在每一章的开头部分,作者都明确给出学习的基本指标以及涉及的内容。同时,本书中附有很多案例,加强读者对内容的理解和应用。书中很多地方都有作者在第一部分提到的特定的标识,这些标识告诉读者很多信息:哪些内容可以进行更加深入的学习,需要用到的工具书有哪些,哪些内容需要到电脑操作实践，并给出了可能用到的数据包，课后习题的部分也有助于加强巩固学过的内容。总之，这是一本非常适合想学习统计的学生使用的工具性指导书。

当今科普非常重要的一部分是学科间、行业间的普及，这种普及将为科学创新提供更多的机会。基于这种认识，科普书要包括知识性普及和文化性普及，要有面向百姓的、面向人文学者的、面向领导干部的，也要有面向科技工作者的。"大科学"（科学社会学家普赖斯用语）时代的科学普及也一定是"大科普"。事实上，在每个方面、每个层次上都能写出科普佳著。

作者简介：

李亚杰，北京邮电大学理学院数学系讲师。

无处不在的统计（三）

让汽车载你驶近 GDP

牛文辉 彭程 耿兵/文

说起国内生产总值，有些人可能会有点陌生。但一说它的英文简称 GDP，那可就是电视、网络、报纸上的明星词汇了。简简单单的一个 GDP，真的能代表一个国家或地区的经济状况和发展水平么？在此，我们以一个大家熟悉、常用的产品——汽车为例，从它的设计、生产、销售和使用等各个环节来走近、了解 GDP。

GDP，你要这样看

按照经济学的传统定义，GDP（国内生产总值）是一定时期内（一个季度或一年），一个国家或地区的经济中所生产出的全部最终成果（产品和劳务）的市场价值。虽然定义只有一句话，其中蕴含着四大信息点：国内、全部、最终、价值。

让汽车载你驶近 GDP

国内，是说 GDP 必须是一个国家或地区的内部生产成果，国外或地区外部的产品和劳务不能算在本国或本地区的 GDP 之内。比如说一辆汽车，无论它是国产的红旗，还是合资的大众，只要它是在中国国内生产出来的，就创造了属于中国的 GDP；但如果是外国原装汽车，如德国的奔驰、英国的劳斯莱斯，即使被进口到中国，也仍然只能计入德国、英国的 GDP 中。

全部，是说 GDP 不仅仅包含生产出来的有形产品，还包括提供的无形服务。对于一辆汽车来说，不仅汽车生产本身创造了 GDP，在生产之前的策划、设计、市场调研，以及生产之后的销售、维修、售后服务等都在 GDP 的统计范围之列。

最终，是说 GDP 必须是最终成果的价值，也就是说它是一个增加值，为了创造 GDP 而投入的成本是不能计算在内的。比如，对于一个专门组装汽车的制造商来说，在这一环节创造出的 GDP 就只有因汽车组装而创造出来的那部分价值，而用于组装的发动机、气缸、轮胎、座椅等的增加值都要计算在它们各自的生产环节中，不能算成汽车制造商创造的 GDP。

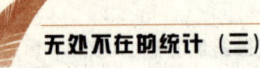
无处不在的统计（三）

价值，是说 GDP 是个生产概念而不是个销售概念，生产活动只要完成，无论售出与否，其增加值均按照市场价格算作当年的 GDP。比如一辆汽车 2012 年 12 月生产，2013 年 2 月卖出，汽车生产部分的增加值要计入 2012 年的 GDP，销售部分的增加值则应计入到 2013 年的 GDP 里。

GDP，你要这样算

之所以说 GDP 是国民经济核算的核心指标，能够衡量一个国家或地区经济状况和发展水平，是因为 GDP 既能从生产角度体现出一个国家或地区的生产状况，又能从收入角度体现出政府、企业和个人的各自所得，还能从使用角度体现出全社会的投资、消费以及进口和出口的情况，是一个集各方面经济发展情况于一体的综合性指标。

我们还是以汽车为例。从汽车的生产角度，也就是对汽车这个产品来说，它所创造的 GDP 是因汽车生产而产生的增值部分，在计算中可以用汽车的全部价值扣除生产汽车的投入部分来计算，即"增加值＝总产出－中间投入"。我们把全社会所有的生产成果都分解成像汽车这样的一个一个的生产环节，剔除重复计算的中间产品，分别计算每个最终产品的增加值再汇总起来，就得到了一国或地区生产的 GDP。这种计算方法就是 GDP 的生产法。

从收入的角度来说，也就是对因汽车生产而取得收益的各方来说，一辆汽车的增值会转化为以下几个部分：一部分要作为劳动者报酬付给汽车的生产人员，一部分以各种税收的形式交纳给政府，一部分被企业以固定资产折旧的形式来进行机器

让汽车载你驶近 GDP

设备的更新,剩下的部分作为营业盈余留在企业。同样的,全社会所有的生产成果都可以像汽车这样分解成 4 部分,此时,"GDP＝劳动者报酬＋生产税净额＋固定资产折旧＋营业盈余",这就是 GDP 的收入法。

从使用的角度来说,也就是汽车的最终用途。一辆在国内生产的汽车,如果被个人购买家用,那么它就是消费品;如果被单位购买作为单位的固定资产,那么它就是投资品;如果没有被国内消费与投资,而是被国外购买并运输出国,那么它就是商品出口。全社会的所有经济成果,最终都会像汽车这样转化成为消费、投资或者出口。同时,由于外国生产的产品不能计入我国的 GDP 之内,所以当外国生产的汽车被用于国内的投资和消费时,会作为进口加以扣除,这样我们就得出了"GDP＝最终消费＋资本形成总额＋(出口－进口)"的概念,这就是 GDP 的支出法。

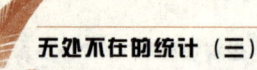

正是因为 GDP 有着这么多种的理解角度,掌握了 GDP 及其各项构成也就掌握了经济发展的主要过程、主要活动。无论是想提高居民收入、财政税收、企业盈利,还是想扩大内需、拉动外需,都离不开 GDP 总量规模的做大。这也就是 GDP 被视为衡量一个国家或地区经济状况和发展水平重要指标的原因所在。

GDP,你要这样用

GDP 虽然是反映一个国家或地区经济状况和发展水平的宏观经济指标,但是在使用中也存在一定的局限性。在使用时,不能仅仅只看 GDP 这一个指标,还需要根据经济发展成本、居民切身感受、实际发展成果、可持续发展能力等多方面的标准来全面评判经济社会的发展状况。

比如说,GDP 本身不能反映出资源能源的消耗与经济活动对环境的负面影响。仍然以汽车为例。汽车的生产和使用创造了 GDP,但汽车及其部件的生产过程中产生大量含重金属离子和硫、磷化物的废水废渣,汽车的使用过程中消耗了大量汽油,并排放出含有二氧化硫、二氧化氮等大气污染物的汽车尾气,造成能源紧张和环境污染。

一些经济活动虽然被计入 GDP 中,但其本身不是经济发展的有益产物。比如,由于城市汽车尾气问题严重,空气质量明显下降,使更多居民患上了呼吸系统疾病,居民不得不求医问药,加大医疗卫生开支。这种情况下,虽然医疗卫生行业会得到较快发展,创造出更多的 GDP,但这种经济活动本身不属于经济发展成果,反而是经济活动带来的负面作用,应采取有效措施加以制止，而不能因其能够做大 GDP 而加以鼓励。

再比如，GDP 不能完全代表社会公众的幸福感。比如汽车的大规模使用造成城市交通拥堵，如果不及时加强基础设施建设、改善交通环境、提高居民出行效率，就会出现 GDP 持续走高、居民幸福感不升反降的尴尬局面。

总而言之，GDP 只是众多经济统计指标中的一种，既普通又具有特殊性。GDP 合理、正常、和谐的增长，不仅会为我们提供更丰富的消费投资产品以及更多的服务选择，在扩大就业、提高收入、增加税收、积累财富等多个方面也都有很好的促进作用。但同时，任何神化崇拜 GDP、盲目追求 GDP 高速增长的行为都是片面的、不可取的。正确使用不盲从，实事求是不夸大，合理促进不放松，平衡发展不偏颇，这才是我们对待 GDP 总量及其增长的应有态度。

作者简介：

牛文辉，天津市统计局副巡视员，高级统计师。

彭程，天津市统计局科研所主任科员，高级统计师。

耿兵，天津市统计局科研所主任科员，中级统计师。

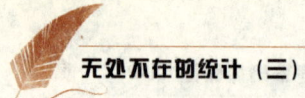
无处不在的统计（三）

国民经济核算是不是统计

高敏雪/文

2005年我在国家统计局核算司挂职，当时的工交司司长曾经问我：国民经济核算是统计吗？此前我还从没有想到这会是一个问题，当时只是打着哈哈应付，并没有给出确切回答。此后数年里，这个问题一直存在我心里，时不时就会冒出来。以下借这篇短文将自己的三层思考作简单介绍。

（一）

国民经济核算是不是统计，这确实是一个问题。第一，从词语上说，国民经济核算的中心词是"核算"，而不是"统计"。第二，从工作性质上说，统计常常是与调查连在一起的，而国民经济核算并不直接做调查，也不会产生行政记录，而是以各种专业统计或行政记录提供的数据为基本材料，按照自身的一

套理论方法做进一步的数据加工。

但我们能说国民经济核算不是统计吗？似乎不能。因为，国民经济核算的产出成果也是一套服务于管理与分析的统计数据，其目的和功能与一般专业统计无二；进行国民经济核算也常常是国家综合统计部门（或类似机构）的职责范畴。在统计局发布的、最受社会关注的统计数据中，属于国民经济核算的指标不仅榜上有名，而且常常会拔得头筹，大名鼎鼎的 GDP 就是最好的例子。

基于以上，我们似乎可以这样为国民经济核算定位：它无疑是政府统计体系中的成员，但却有其特殊性；它不是基于调查的统计，而是基于各种专业统计的统计，构成其核算基础的，是多种专业统计的调查统计结果。这是第一层意义上的回答。

（二）

从各专业统计与国民经济核算之间的关系看，一种专业统计（比如工业统计、金融统计、住户调查、价格指数编制等）只涉及经济社会发展的一个方面、一种角度，统计内容、指标设计要在其专业范围内尽力贴近调查对象的具体活动，贴近该领域专业管理的具体需求。相比之下，国民经济核算则更具全面性，是从一国国民经济整体看问题，通过整体核算提供统计数据，核算过程中要削减各专业统计所在领域的具体特性，要依据各专业统计在整个国民经济运行过程中所处位置将其综合为一体。比如，生产法 GDP 核算会通过增加值这一统一指标，将来自不同产业部门的产出综合在一起；支出法 GDP 核算则会以最终产品使用支出作为基本标准，综合计量企业、住户、政

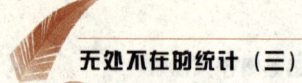

府对应发生的投资和消费。如果将整个经济系统比作一座大厦,各个专业统计提供的数据只能分别显示一个楼层、若干个房间、电梯或中央空调等局部的状况,唯有国民经济核算才能综合各个房间、楼层、基础设施对整座大厦的运行状况做出评估。也就是说,在功能上,国民经济核算超越了一般专业统计,可以就国民经济全局提供相关统计数据。凭借这种优势,我们可以认为,国民经济核算在政府统计体系中不仅是不可或缺的成员,而且还超越各种专业统计取得了"高高在上"的地位。

将上述关系上升到制度层面,提出了所谓专业统计制度要与国民经济核算制度之间保持衔接的问题。国民经济核算体系(SNA)是一套基于经济学开发出来的理论方法,超越了一般专业统计规范,可以视为存在于多种专业调查统计规范之上的一套综合"统计规范",在整个政府体系中处于中心地位。这就是当前政府统计国际规范中所给出的第二层回答。如果将整个政府统计体系比作一座大厦,SNA就是大厦的主体结构,而各专业统计制度规范则是其中的不同房间。房间可能处于大厦的不同位置,其内部陈设可以千差万别,甚至可以对房间格局进行适度改造。但是,各个房间的具体设计在总体上要服从大厦的整体框架和格局,其改造要以不伤及承重墙、不影响大厦整体功能架构为基本原则。最终,所有房间围绕主体结构而集合为一体,形成大厦的整体形象和功能,各个房间之间也因为与主体结构的关系而具有了相互关联甚至相似性。

(三)

SNA如何真正发挥自己在政府统计体系中的中心地位,实现与其他专业统计制度之间的衔接，并促进整个统计体系内部的协调一致。这就是笔者要说的第三层意思。

从国民经济核算视角看，实现协调一致的途径无外乎两种：第一是要求各专业统计制度向 SNA 靠拢，基于 SNA 来规范各专业统计的统计范围、概念定义、统计原则及相关数据口径；第二则是吸收各专业统计的经验和积累，把相关概念、分类、口径等要素引进来融入 SNA 的既有框架。在现实实践中，各专业统计有其自身的特点，要满足特定领域的管理需求，因此具有相对独立性；而且，专业统计比较贴近现实，这一优势使其可以比较敏感地捕捉到一些新现象并将其纳入统计范围。因此，SNA 有必要以"灵活"的态度对待二者之间的协调，不能简单地要求专业统计向自己靠拢，而是要将其看作一个互动的过程。一方面，专业统计应在一些关键点上保持与 SNA 之间的协调一致；另一方面，SNA 应在恪守自身基本理论方法的同时，以灵活的方式将专业统计中应用的一些概念定义、分类、算法包容进来，扩展自己的应用分析功能。

上述思路在 SNA－1993 版中已有显现，并在 SNA－2008 版中进一步被发扬光大。比如，有些专业统计体系已经实现了与 SNA 的同步修订，在互动过程中，不仅专业统计规范修订要秉承与 SNA 保持协调一致的原则，SNA 的修订也更加注意对专业统计规范进展的吸收。最突出的例子是《国际收支与国际投资头寸》（即 BPM6），SNA－2008 采纳了 BPM6 在全球化背景下有关统计单位常住性识别、机构部门分类方面提供的经验和做法。

更突出的进展体现在中心框架灵活应用部分，SNA－2008 分专题详细讨论了如何吸收专业统计的概念、分类来扩展 SNA

中心框架的分析功能，几乎覆盖了所有分部门分专业的统计体系，其中可以直接指认的是人口和劳动统计、政府财政统计、货币金融统计、国际收支统计、住户收支统计、标准产业分类等，此外还有一些联系比较松散的统计体系，如外国直接投资统计、外债统计、工业统计等。

尤其值得关注的是 SNA 开发了卫星账户这样一种实现灵活应用的工具。通过卫星账户，即可覆盖与各专业统计链接、协调目的下的各种应用。我们可以将卫星账户作为一个宽泛应用的平台，这样设想从专业统计到 SNA 中心框架之间搭建桥梁形成互动关系的过程：首先作为一个专题，通过松散的卫星账户将一些专业统计与 SNA 链接起来；然后选择特定内容、特定角度开发严格意义上的卫星账户（内部卫星账户或者外部卫星账户）；最后待条件成熟，有些卫星账户所体现的原则、概念定义还有可能被 SNA 接受，直接吸收到中心框架之中。研究与开发（R&D）就是一个已经得到实现的例子。早期建立的是独立的研发支出统计，与 SNA 没有直接关联；后来开始编制以研发为主题的卫星账户，试图基于国民经济核算原理，显示研发活动的规模以及对国民经济的影响；到 SNA－2008 版，研发活动开始作为独立的生产活动得到识别、核算其产出，并将其使用认定为投资（资本形成）的组成部分，其存量则作为资产的组成部分得到核算。最近以美国为首，已有若干国家公布了经如此修改之后的 GDP 核算结果，其经济增长率由此还提高了不少！

作者简介：

高敏雪，中国人民大学应用统计科学研究中心研究员、统计学院教授、国民经济核算研究所所长。

让文化软实力硬起来

张启良/文

大家听说过"文化软实力"这一概念吧？文化软实力作为国际竞争力、民族凝聚力越来越受到重视。那么究竟什么是文化软实力，什么是文化产业，该如何衡量文化产业的发展呢？现给大家作一简单介绍。

什么是文化软实力

文化软实力是以文化资源为基础的一种软实力。这种软实力不是强制施加的影响，而是主动接受或者说是主动分享而产生的一种影响力、吸引力。简单地说，文化软实力指一个国家或地区文化的影响力、凝聚力和感召力。文化软实力的强弱，直接关系到国家的凝聚力与国际竞争力，也关系到国家维护自身利益实现自身战略目标的能力，文化软实力是综合国力和国际竞争力的重要组成部分。随着经济的发展，我国要想在国际社会上发挥更大的作用，发挥文化和意识形态的吸引力而使其他国家愿意追随，从而获得更多的国际话语权和主导力，就必须增强我国的文化软实力。中国不仅要成为经济强国，更要成为文化强国。

文化及相关产业则是文化软实力的主要载体。文化及相关产业是指为社会公众提供文化、娱乐产品和服务的活动以及与这些活动有关联的活动的集合，是第三产业的重要组成部分，也是文化软实力的构成部分，作为现代社会发展的精神动力、智力支持和思想保证，文化软实力越来越成为民族凝聚力和创造力的重要源泉，综合国力竞争的重要因素。目前，我国用文化产业增加值占 GDP 比重这一指标来测度文化产业发展状况与趋势。

文化产业怎样统计

何为文化产业？2012 年国家统计局颁布的最新《文化及相关产业分类（2012）》对"文化及相关产业"的定义是：为社会公众提供文化产品和文化相关产品的生产活动的集合。

根据这一定义，我国文化产业的统计范围包括：①以文化为核心内容，为直接满足人们的精神需要而进行的创作、制造、传播、展示等文化产品（包括货物和服务）的生产活动；②为实现文化产品生产所必需的辅助生产活动；③作为文化产品实物载体或制作（使用、传播、展示）工具的文化用品的生产活动（包括制造和销售）；④为实现文化产品生产所需专用设备的生产活动（包括制造和销售）。

根据文化产业链的特点和行业发展态势特点,将文化产业分为十大类:第一类为新闻出版发行服务;第二类为广播、电视、电影服务;第三类为文化艺术服务;第四类为文化信息传输服务;第五类为文化创意和设计服务;第六类为文化休闲娱乐服务;第七类为工艺美术品的生产;第八类为文化产品生产的辅助生产;第九类为文化用品的生产;第十类为文化专用设备的生产。

作为一个产业,必须有一个价值总量来反映产业发展的规模及效益,增加值指标理所当然地被赋予了这个责任。通常使用文化产业增加值这一指标反映文化产业的规模,用文化产业增加值占国内(地区)生产总值的比重来反映文化产业在国民经济中的比重与地位。文化产业增加值是指文化活动在提供服务和产品过程中形成的报酬收入、生产税收入、利润收入和其他收入之和。按照收入法计算,增加值=劳动者报酬+生产税净额+固定资产折旧+营业盈余。对文化产业增加值的计算,可以使用生产法和收入法两种方法,以收入法的计算结果为准。

说说我国文化产业现状

我国文化产业发展的状况又如何?数据显示:最近10年我国文化产业获得了较快发展,2001—2011年,全国文化产业增加值以年均高达19.8%的速度增长,文化产业增加值占GDP比重由不到1.9%提高到2.85%。2011年,全国文化产业增加值达到1.35万亿元。全国从事文化活动的机构达31万个,从业人员221万人;全国从事艺术表演的场馆1956个,演出 104 万场次；群众性文化机构 4.4 万个，业余文艺团体 26.8 万个，组织文艺活动 62 万次。全国拥有图书馆 2925 个，总藏书近 7 亿册；全国各类博物馆 2650 个，接待参观人数达 4.7 亿人次。全国广播和电视综合人口覆盖率均在 97% 以上，全国各级电视台有电视节目 3274 套，播出电视剧 664 万集；31 个电影故事片厂生产故事影片 558 部；全国图书出版 37 万种，印刷量达 77 亿册；期刊 9849 种，总印数近 33 亿册。录像制品 9477 种，发行 12.8 亿盒（张），电子出版物达 11154 种；国家综合档案馆 3196 个，档案馆建筑面积 551 万平方米。馆藏档案 3.5 亿卷（件）。

文化产品出口保持稳步快速增长态势。2001－2008 年大体保持在 20% 以上的增长。2011 年，我国出口文化产品 187 亿美元，比 2010 年增长 22.2%。其中，视觉艺术品达 93 亿多美元，增长 36.4%，占同期我国文化产品出口的 49.9%，为我国文化产品最大出口品种。我国视觉艺术品出口以福建和广东为主，上海、江苏和浙江位居其次；视听媒介主要以广东、山东和上海为主；印刷品以广东、北京和上海为主。

城乡居民文化娱乐活动丰富多彩，文娱消费稳步增加。2011 年，全国剧团演出 155 万场次，7.5 亿人次花费 53 亿元观看了演出；有 1.1 亿人次观看了艺术表演场馆的演出，合计支付 62 亿元；居民花在看电影上的钱达 131 亿元；有 4.7 亿人次参观了各类博物馆；2214 万人拥有公共图书馆的借阅证，合计借书 3.8 亿人次；全国平均每百户家庭拥有彩电 135 台，超过 2 亿户的家庭使用了有线广播电视，占全部家庭数的 49.4%，全国平均每百户家庭拥有计算机城镇为 82 台，农村为 18 台，全国互联网普及率达到 36.2%。2011 年，城镇居民生活消费支出中文教娱乐服务支出达到1852元，比2001年增长1.68倍；农村居民文教娱乐服务支出达到396元，比2001年增长1.10倍。

让我国的文化软实力硬起来

与经济、国防、科技"硬实力"比，与中华文化雄厚的文化资源比，无论从规模还是影响力上，我国的文化软实力都有较大的落差，这种落差突出反映在文化产业领域。

文化产业成为支柱性产业依然任重道远。根据产业经济原理，当一个产业增加值占当年GDP比重超过5%时，该产业才能称为支柱产业。虽然近年来我国文化产业发展迅猛，但由于起步晚、基础薄弱，文化产业占GDP的比例依然偏低，在国民经济中的贡献远远低于美国等发达国家。2011年，我国文化产业占GDP比重仅为2.85%；西方发达国家已经平均占到10%以上，其中美国占25%，日本占20%。如果到2020年，我国文化产业增加值占当年GDP比重达到5%，全国文化产业增加值的总规模要达到4万亿左右，2012—2020年我国文化产业比重累计要提高2.15个百分点（2001—2011年累计提高不到1个百分点）。可见，距十八大提出的"文化产业成为国民经济支柱性产业"的发展任务，我国文化产业成为支柱产业任重道远。

文化产业在国际中的竞争力仍然偏弱。从目前世界文化市场的占有份额看，美国占43%，欧盟占34%，整个亚太地区只占19%，其中日本约占10%，韩国占5%，中国则不到4%。这与我国为一个历史悠久的文明古国、第三大世界文化遗产国的地位不相称，与世界第二大经济体、第一大出口国的经济份量不相称。2010年,虽然我国核心文化产业进出口总额144亿美元,出口电影票房收入35亿元人民币,但输出引进比仍高达1∶3,我国文化输出的结构与品位也值得关注。资源性、制造性文化产业资源丰富,比重高,创意性文化产业发展不足。很多年来,我国电影输出以功夫片为主,出版物则偏重花草虫鱼、丝绸、茶叶、瓷器、武术等方面的内容。文化传输仍旧停留在"器物"层面,价值观、文化性格等更深层次的文化产品鲜有涉及。我国的文化产业国际竞争力仍处于中下等水平,世界文化传播格局仍然是"西强我弱"的局面。

我国文化产业发展呈现多方面的失衡性。首先,产业的快速发展与居民消费的缓慢增长形成鲜明对比。21世纪以来,与我国文化产业增加值每年19.8%的增长速度相比,我国居民在文化消费方面的层次和水平比较低,在文教娱乐服务方面的支出增长城镇为10.1%,农村只有7.1%。其次,地区之间的巨大差距。据测算,2010年,在我国文化产业增加值中,东部地区大约占60%,中部地区大约占20%,西部地区大约占12%,东北部地区大约占6%。从省际间文化产业占地区生产总值比重看,北京占12.03%,居全国之首;上海为9.75%,居全国第二位;西部地区少数民族众多的云南为6.1%,体现了众彩纷呈的多民族文化发展;湖南为5.2%,湖南电视娱乐节目推陈出新、耳目一新,全国观众为之倾倒。但大多数西部地区的省份不到2%。再次,我国城乡文化发展的不平衡显得尤为突出。居民文化消费支出的城乡差距由2000年的3.4∶1扩大到2011年的4.7∶1。

虽然中国的经济崛起令人刮目相看,但在文化软实力方面的困惑却并未消除,短板依然突出。在未来相当长的时期内,

大力发展我国的文化及相关产业,让文化软实力硬起来,用华夏文化凝聚力量,用中国文化影响世界,服务于中华民族伟大复兴大业,将是一项急迫而艰巨的任务。

作者简介:

张启良,江西省统计局科研所所长、研究员,央行货币政策委员会咨询专家。

无处不在的统计（三）

IDI：信息化社会的指向标

孙继伟/文

您知道十八大报告首次提出的新时期"新四化"吗？就是国家的信息化、工业化、城镇化和农业现代化。把信息化水平提升列入国家的发展目标，对信息化发展而言具有战略意义。然而，什么是信息化，如何衡量一个国家或地区的信息化水平？中国信息化发展水平如何？

我们所认识的信息化

记得30多年前，能打个电话都是比较奢侈的事，根本谈不上什么信息化。要给家里报个平安，最快捷的方式就是去邮局发个电报，发的字数越少就越少花钱。在信息匮乏时代，人们为信息传播的不畅通、信息的缺乏、信息的简单而苦恼，市场决策、经营方案制定、产品推广等市场行为带着一定的盲目性。

IDI：信息化社会的指向标

可以认为，那时的信息简直就是奢侈品。

随着社会经济的发展，信息化突飞猛进，现如今信息获取的渠道、获取的总量、获取的方式以及获取的质量已经发生了天翻地覆的变化。当今世界的信息量浩如烟海，内容丰富多彩，这个地球上发生的事情，只要你想去了解都可以通过网络找到你需要的信息。信息成为社会的一种资产，也成为未来产业经济发展的新增长点。21世纪以来，以电子化、数字化和网络化为特征的信息化在全世界迅猛发展，正在引发当今世界的深刻变革。信息化发展水平已经成为决定国家生产力发展水平、衡量国家综合实力和国际竞争力的重要标志。所以，如果不了解信息化，可就真的"out"了！

信息化，英文为Informationalization，是指培养、发展以计算机为主的智能化工具为代表的新生产力，并使之造福于社会的历史过程。信息化将改变人们的生产方式、工作方式、学习方式、交往方式、生活方式、思维方式等，将使人类社会发生极其深刻的变化。国际上，用"信息化发展指数"（IDI，Information Development Index）来衡量一个国家或地区的信息化水平。

国际电信联盟于2007年将信息化机遇指数（ICT－OI）和数字机遇指数（DOI）合并后建立的指标体系，称为信息通信技术发展指数，也就是信息化发展指数（IDI），它是衡量和跟踪全球、区域、国家或地区在迈向信息社会的过程中所取得总体进展的有用工具，是一个涵盖信息通信技术（ICT，Information Communication Technology 的简称）获取、使用和技能三个方面、由11个指标组成的综合指数，具体指标有：每百人固定电话用户数、每百人移动电话用户数、互联网用户的平均带

109

宽、拥有计算机家庭所占百分比、接入互联网家庭所占百分比、使用互联网个人所占百分比、每百人固定宽带用户数、每百人移动宽带用户、成人识字率、中等教育和高等教育综合入学率。

按照国际电信联盟发布的世界主要国家和地区信息化发展指数排名报告，2010 年，在全球 152 个国家中，韩国的信息通信技术发展状况最好，名列发展指数排行榜第一名。韩国也是世界上上网速度最快的国家，平均下载速度达到每秒 2.2Mb；瑞典、冰岛、丹麦、芬兰、中国香港、卢森堡、瑞士、荷兰和英国分别排在全球前 10 名。

2010 年，世界主要经济大国中，美国的信息化指数排名为 17 位，中国为 80 位，日本为 13 位，德国为 15 位，澳大利亚、法国、西班牙、加拿大、意大利都居世界前 30 位。金砖国家信息化指数排名中，俄罗斯排 47 位，巴西排 64 位，中国排 80 位，南非排 97 位，印度排 116 位。

就区域而言，北欧、西欧和北美的信息化发展指数分值最高，这些地区的国家大部分都名列排行榜的前 20 名；低收入国家特别是最不发达国家，信息化发展指数排名依然处于末端，这些国家的民众所拥有的包括固定和移动电话、互联网和宽带在内的信息化基础设施屈指可数。不过，有些发展中国家和地区的排名迅速提升，其中包括巴勒斯坦、沙特阿拉伯、中国和越南，这主要得益于移动电话的迅速普及以及互联网用户的大幅度增加。中国是在信息化可接入性和使用方面进步最快的国家。

国际电信联盟的报告显示，按通信开支占总收入的比例（2007 年）计算，新加坡是世界上电信资费最低的国家。发达国家国民用户电信服务支出占国民总收入的比例在 0%～3% 之间，发展中国家的这一比例大约为 25%，而排名在最后的 25 个国家这一比例甚至高达 72%。

中国信息化发展指数是怎样计算的

我国政府高度重视信息化工作，把信息化发展作为覆盖现代化建设全局的战略举措。国家统计局统计科学研究所编制的中国信息化发展指数（Ⅰ），被纳入国家"十一五"信息化发展规划中，它从信息化基础设施建设、信息化应用水平和制约环境，以及居民信息消费等方面综合性地测量和反映了一个国家或地区信息化发展总体水平。中国信息化发展指数（Ⅰ）由 5 个分类指数和 10 个具体指标构成。

在中国信息化发展指数（Ⅰ）的基础上，国家统计局统计科研所于 2011 年又编制了中国信息化发展指数（Ⅱ），被纳入《国民经济和社会发展信息化"十二五"规划（草案）》，用来综合评价和监测国家信息化发展的进程及总体目标的实现。中国信息化发展指数（Ⅱ）是在中国信息化发展指数（Ⅰ）的基础上，进一步优化信息化发展指数指标体系、完善统计监测方法后，研究制定的国家"十二五"规划信息化综合评价指数。中国信息化发展指数（Ⅱ）从"基础设施、产业技术、应用消费、知识支撑和发展效果" 5 个方面测量国家信息化的总体水平，对国家信息化发展状况做出综合性评价。具体包括以下 12 个指标。

基础设施方面包括：

（1）电话拥有率（部/百人）

（2）电视机拥有率（台/百人）

（3）计算机拥有率（台/百人）

产业技术方面包括:

(4) 人均电信业产值(元/人)

(5) 每百万人发明专利申请量(个/百万人)

应用消费方面包括:

(6) 互联网普及率(户/百人)

(7) 人均信息消费额(元/人)

知识支撑方面包括:

(8) 信息产业从业人数占比重(%)

(9) 教育指数(国外:成人识字率×2/3+综合入学率×1/3

      国内:成人识字率×2/3+平均受教育年限×1/3)

发展效果方面包括:

(10) 信息产业增加值占比重(%)

(11) 信息产业研发经费占比重(%)

(12) 人均国内生产总值(元/人)

这12项指标为"十二五"期间准确把握我国及各省信息化发展水平和发展进程提供科学量化的依据。中国信息化发展指数的5类分指数及基础指标均采用平均权重。

中国信息化发展指数是如何计算出来的呢?从监测指标的数据收集到指数生成分为四个步骤。

第一步,收集指标数据。这是信息化指数计算的基础工作,没有数据就是无米之炊。

第二步,对数据进行标准化处理。对指标进行标准化处理,使量纲不同的各类指标值转化为可以直接进行计算的数值。对于最大值与最小值差距过大,或分布不均匀且大多聚集在平均数以下的指标数据,采用取对数的方法进行无量纲标准化处理,以消除指标数据差别较大的因素。

IDI：信息化社会的指向标

第三步，采用简单线性加权方法，对各类具体指标的标准化数据进行计算。其基本公式为：

$$II = \sum_{i=1}^{n} W_i P_i$$

第四步，计算信息化发展指数。计算公式为：

$$IDI_{CN} = \sum_{i=1}^{n} W_i (\sum_{j=1}^{m} W_{ij} P_{ij})$$

其中：IDI_{CN} 为国家或地区信息化发展指数的数值（CN表示中国），P_{ij} 为第 i 类指数的第 j 项指标标准化后的值，W_{ij} 为第 j 个指标在第 i 类指数中的权重，W_i 为第 i 类指数在总指数中的权重，n 为信息化发展指数分类的个数，m 表示信息化应用水平第 i 类指数的指标个数。

指数值在一定时期内处于0~1之间（得分为1表示最好，得分为0表示最不好）。

为了反映信息化发展情况，我们需要计算信息化发展指数的发展速度。对反映某一个地区信息化水平在不同年份间的发展变化情况，采用逐层实物量计算发展速度的方法，即计算国家或地区信息化发展指数指标体系中每个实物量指标的发展速度，然后加权平均汇总计算的方法，来得到该国家或地区信息化发展指数和分类指数的发展速度和增长速度。

我国信息化发展水平如何

21世纪以来，我国信息化发展很快，已成为全球信息化增长最快的国家之一。据中国统计学会发布的《中国信息化发展指数统计监测年度报告2012》，2011年，我国信息化发展总指数达到0.732，比2000年提高0.238百分点，平均年增长速度

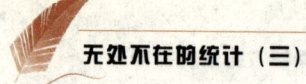

无处不在的统计（三）

接近14%。

虽然我国信息化发展很快，但表现为地区总量上不一致，结构上也有所差异，根据2011年中国信息化发展指数（Ⅱ）的测算结果，可将全国31个省（区、市）划分为五类地区：第一类地区为信息化发展高水平地区，包括北京、上海、天津、浙江、广东和江苏6个省市；第二类地区为信息化发展中高水平地区，包括福建、辽宁、陕西、山东、湖北和重庆6个省市；第三类地区为信息化发展中等水平地区，包括山西、吉林、海南、黑龙江、内蒙古、宁夏、安徽、湖南、四川和河北10个省区；第四类地区为信息化发展中低水平地区，包括新疆、青海、甘肃、江西、贵州和河南6个省区；第五类地区为信息化发展低水平地区，包括广西、云南和西藏3个省区。

21世纪以来，我国信息化发展很快，已成为全球信息化增长最快的国家之一。但是，在信息技术应用和信息化基础建设方面，与发达国家相比仍有一定差距，各地区间存在信息化发展不平衡的问题。必须进一步加快中国信息化发展的步伐，要强化信息化设施建设，提升硬件条件；加强工业化与信息化融合，促进转型；促进信息化协调发展，缩小数字鸿沟；提升国民文化素质，强化发展支撑；建立官方统计体系，客观评估发展进程。

作者简介：

孙继伟，国家统计局统计科学研究所高级统计师。

平均数的陷阱

汪 为/文

平均数是统计中最常用的概念之一,小到日常计算,大至 GDP 核算,都离不开平均数的身影;简单如速度测量,复杂至航天器稳定性测试,都要仰仗平均数出马。它让纷繁复杂的群体有了可度量的标准,但也将事物的全貌单一化,数据的结构、数据的周期、数据的优劣全部掩盖在一个数字后面,这就给我们客观全面了解事物埋下了"陷阱",如何跨越平均数的缺陷去客观地考察事物呢?这就需要我们熟悉平均数的陷阱。

陷阱一:安思科姆四重奏

由耶鲁大学统计学教授佛朗西斯·安思科姆提出的"四重奏"理论表明:迷信平均值而忽略数据结构将导致数据认识的严重偏差。以下 4 组数据是一个典型的"安思科姆四重奏"。

无处不在的统计（三）

第一组数据

序号	1	2	3	4	5	6	7	8	9	10	11
X_1	10	8	13	9	11	14	6	4	12	7	5
Y_1	8.04	6.95	7.58	8.81	8.33	9.96	7.24	4.26	10.84	4.82	5.68

第二组数据

序号	1	2	3	4	5	6	7	8	9	10	11
X_2	10	8	13	9	11	14	6	4	12	7	5
Y_2	9.14	8.14	8.74	8.77	9.26	8.10	6.13	3.10	9.13	7.26	4.74

第三组数据

序号	1	2	3	4	5	6	7	8	9	10	11
X_3	10	8	13	9	11	14	6	4	12	7	5
Y_3	7.46	6.77	12.74	7.11	7.81	8.84	6.08	5.39	8.15	6.42	5.73

第四组数据

序号	1	2	3	4	5	6	7	8	9	10	11
X_4	8	8	8	8	8	8	8	19	8	8	8
Y_4	6.58	5.76	7.71	8.84	8.47	7.04	5.25	12.5	5.56	7.91	6.89

对以上4组数据统计平均数，结果如下：

$\bar{X}_1 = \bar{X}_2 = \bar{X}_3 = \bar{X}_4 = 9$，$\bar{Y}_1 = \bar{Y}_2 = \bar{Y}_3 = \bar{Y}_4 = 7.5$

4组数据 X 和 Y 平均值相同，单从平均数指标看4组数据是无区别的。但是在对以上4组数据绘制散点图后（见图1～图4），我们惊奇地发现，平均数"欺骗"了我们，4组数据呈现形态迥异的4种图形分布，它们之间并没有共同之处。

这是因为平均数的集中性使得我们对数据的结构分布视而不见，高度的综合掩盖了数据背后的图形规律。

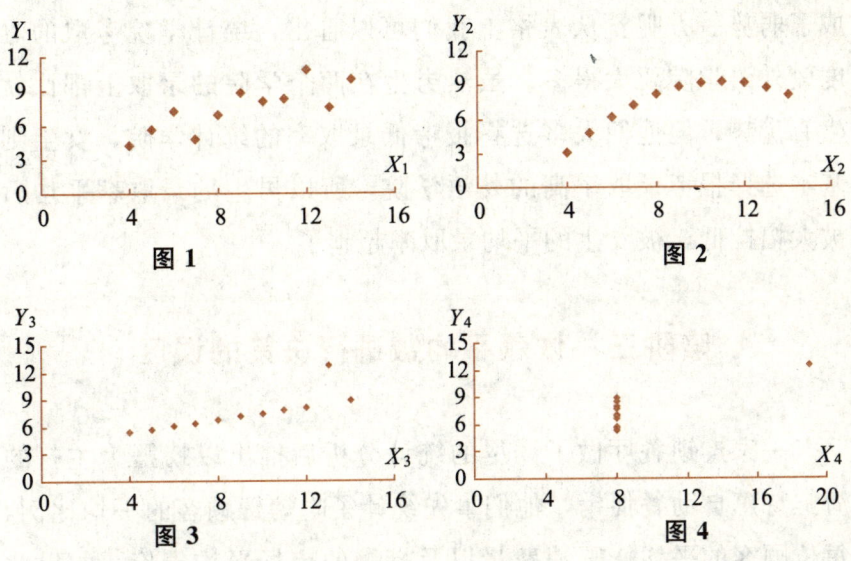

图1 图2 图3 图4

陷阱二：辛普森悖论

这是某高校的研究生录取情况，从总体看，男生的平均录取率为21%，远低于女生的平均录取率42%，从平均值看男生考取这所学校可比女生难多了，实际情况是否真的如此呢？

某高校2012年研究生招生录取情况汇总表

学院	女生报考人数	女生录取人数	女生录取率（%）	男生报考人数	男生录取人数	男生录取率（%）	合计报考人数	合计录取人数	合计录取率（%）
外语学院	100	49	49	20	15	75	120	64	53.3
统计学院	20	1	5	100	10	10	120	11	9.2
总　计	120	50	42	120	25	21	240	75	31.3

让我们分学院再看一下录取情况，怪事发生了！无论是统计学院还是外语学院，男生的录取率都远高于女生，为什么每个学院录取中都占据优势的男生，在取总体平均数之后反而变

成了弱势一方呢？从表格上我们可以看出，统计学院考取的难度较外语学院要大得多，虽然男生在两个学院的录取上都比女生有优势，但他们大多选择报考低录取率的统计学院，女生则基本选择报考录取率高的外语学院，所以男生的录取率平均后被大幅拉低，被女生的平均录取率超越了。

陷阱三：依赖平均数进行决策的误区

一家连锁餐厅做了详尽的统计分析后推出以螃蟹为主打的海鲜特惠自助餐促销，他们事先统计了吃螃蟹顾客的平均比例，每位顾客的平均螃蟹消费量以及螃蟹的市场平均售价，并以此为依据制定了促销价格，按照这个价格每位顾客可以为餐厅带来25元的利润。促销推出后大受好评，但没多久这一特惠促销却被餐厅叫停了，原因是按照平均数精心计算的促销价格居然抵不上顾客消费的成本！这是因为单纯依据平均数计算顾客食量存在着严重的问题，当顾客要花150元消费一只螃蟹时他们会再三打算，但在自助餐中，消费越多越划算，每个人都会大大超出按只数计算时的消费量，更雪上加霜的是随着餐厅的螃蟹消费量的急剧上升，市场上螃蟹开始供不应求，螃蟹价格也随之水涨船高。错误地用平均消费量、平均价格代替各个价格段下的消费量及供求情况，让餐厅促销盈利的美好愿景变成了水月镜花。

陷阱四：实际中不存在的"平均数"

很多时候平均数表述的现象，例如A社区每个家庭有2.5个

孩子——实际上是不存在的，用这样的数据来进行研究和应用会不会存在误区呢？再让我们来看看2.5个孩子是怎么来的吧，A社区主要是华裔、拉丁裔聚居，华裔生育少，一般只有一个孩子，但对孩子关注高，注重教育，舍得投入；拉丁裔孩子多，一个家庭往往有4～7个孩子，甚至更多，对孩子采用宽松养育，孩子的学业依靠个人自觉。如果一家培训机构欲在A社区开设培训班，他依靠这两个客户群体的平均数——户均2.5个孩子，户均教育费用等来进行设计培训项目和收费，那可真是打错了算盘。

平均数让数据变得简单可度量，同时也掩盖了数据缺陷，丢失了宝贵的结构信息，让我们对变动和误差视而不见。要避开平均数陷阱，首先需要我们正确地看待数据，现实中的数据往往没有那么完美，很多时候是不均衡的，不能再把平均数奉若圭臬，需要应用平均数的时候多多配合使用变异指标来反映平均数的代表性和总体分布的离散趋势，双管齐下才能客观反映总体全貌。其次注重概率分布，很多时候我们面对的不是数据，而是数据背后的各种不确定性因素，这就要求我们既注重传统统计指标，又能采用蒙特卡洛模拟等非传统统计方法来构建和处理现实中的风险和不确定因素。最后也是最重要的，关注个体数据，了解数据背后的故事，不论如何优良的统计手段都只是方法，数据才是根本，每一种方法，都要了解它的优劣和对数据的影响，这样你才不会让数据金矿从你手中溜走。

作者简介：
汪为，杭州市经合办中级统计师。

无处不在的统计（三）

几何平均数与调和平均数那点儿事

邓卫平/文

平均数这个名词几乎家喻户晓，网上时不时会有如工资被增长之类的评论，客观上起到广而告之的作用，但涉及的平均数大多是算术平均数，其实平均数是个大家族，了解平均数的概念并在实践中正确使用平均数并不是件简单的事。与算术平均数一样非排序性质的平均数还有几何平均数、调和平均数等。本文就和大家聊聊几何平均数与调和平均数。

何为几何平均数

几何与平均数有关吗？不少人有疑问：把 n 个数相乘，再开 n 次方，得到数为什么称为几何平均数呢？与点、线、面、体的几何学有什么关系呢？还真是有关系，科学名词确实带着

几何平均数与调和平均数那点儿事

遗传密码或者说是逻辑性呢。汉语的"几何"之词出自明代大学者徐光启之手,他在与利玛窦合译欧几里得的《几何原本》时,把 Geometry(几何学,直译为土地测量之学)只取字头 geo(希腊语词根,土地之意)而译之,一是为谐其音,二是为合其意(中文可联想为"量地多少"),真是严谨费心啊!几何平均数(geometric mean)的名词也来源于欧几里得的《几何原本》,该书最先提出了几何数列(即等比数列)的概念。例如,两个正方形的边之比为 $a:b$,则面积比为 $a^2:b^2$,但巧妙之处在于必然存在一个数 $a\times b$,使得 $a^2:ab$ 和 $ab:b^2$ 的比值都等于 $a:b$,于是 a^2、ab、b^2 形成了一个以 $a\times b$ 为等比中项的等比数列(此时称几何数列),进而推出几何平均数的概念——某数的平方等于另两个数的乘积——例中 $(a\times b)^2=a^2\times b^2$,故 $a\times b$ 是 a^2 和 b^2 的几何平均数。这些概念都源自几何学的研究,名字中带有几何的基因就是自然之事了。把概念扩充到 $n>2$ 的情况,即若某数的 n 次方等于另 n 个数的乘积,则某数就是一般意义上的几何平均数了,计算公式为:$(a_1\times\cdots\times a_n)^{1/n}$。

为什么计算平均速度时用几何平均数?不知人们是否注意到,在计算时间序列的速度平均数时,比如计算改革开放30年(1978—2008年)的年平均增长速度时,人们使用的是几何平均数,而不是算术平均数,分析其原因还是要回到几何平均数的实质中。计算年平均速度的作用在于:便于描述期初的总量演进为期末的总量的过程,即把期初的总量 $\times\prod_{i=1}^{n}v_i=$ 期末的总量的过程变为更方便描述和应用的期初的总量 $\times(\bar{v})^n=$ 期末的总量的过程,不难看出:$\prod_{i=1}^{n}v_i=(\bar{v})^n$,正好吻合几何平均数的概念。需要提醒的是，用几何平均数算速度的均值，一要是时间序列的速度，二要用发展速度（增长速度可以很容易地在计算完毕后转变得到）。

一个性质的应用。一段时间以来，居民消费价格指数（CPI）的社会关注度很高，其计算方法和步骤也向社会公开了，有一步是计算基本分类月环比指数，具体计算方法是：以 n 个规格品价格变动相对数（即 p_1/p_0）的几何平均数作为基本分类月环比指数。那为什么不以算数平均数作为基本分类月环比指数呢？从概念上看，用算数平均数计算也是可以的。

数学可以证明，几何平均数≤算术平均数，完整的证明复杂且在此无必要，不过我们可以通过 $(a-b)^2 \geqslant 0, \dfrac{a+b}{2} \geqslant \sqrt{ab}$，等号在 $a=b$ 时成立的证明，推想出 a、b 相差越大，它们的几何平均数与算术平均数的差距越大，推广到一般情况，换句话说就是：几何平均数相对算术平均数而言，受奇异值的影响较小。CPI 的计算方法可以说是这个结论的一个应用，考虑到采价时奇异值的可能性，为消减其影响，使用几何平均方法的理由就容易理解了。

调和平均数怎样调和

调和之名也是容易让人提问：调和什么？怎么调和？科学的名词都是有道理、有来由的，探其源是有趣的。调和平均数对应的英文是 harmonic mean。调和的概念来源于古希腊的毕达哥拉斯学派研究数字时发现的音乐属性，如果取三根琴弦，其长度分别为 10、12、15，用同样的力弹拨这三根绷得一样紧

的琴弦，它们将会分别发出很协和的乐声（协和是音乐界对 harmony 的翻译术语，而其在数学中被译为调和，不同的领域对同一个引入的外国词汇有不同的翻译），研究它们的弦长时发现：$\frac{1}{10} - \frac{1}{12} = \frac{1}{12} - \frac{1}{15}$，这就被认为是协和乐音的数学机理，变形可得 $\frac{1}{12} = \frac{1}{2}(\frac{1}{10} + \frac{1}{15})$，这是一种新的平均形式，且称 12 为 10 和 15 的调和平均数。更一般的，调和平均数可定义为 n 个数的倒数的算数平均数的倒数，即 $\frac{1}{a} = \frac{1}{n}(\frac{1}{a_1} + \frac{1}{a_2} + \cdots + \frac{1}{a_n})$，$a$ 为 a_1, a_2, $\cdots$, a_n 的调和平均数。

如何判断正指标和逆指标？由于数学上倒数来倒数去之故，许多人对调和平均数在思维上不习惯，总有些不调和之感。其实，这种不适之感源于我们一般对所谓正指标的偏好和熟悉，而教科书虽会提及正指标和逆指标的概念，也会说明它们互为倒数的关系，但并未告诉我们怎样判定正指标和逆指标。

下面举一例说明正、逆指标的判定及后续计算。工人甲、乙的工作效率时间分别是：甲 6 分钟/单位产品、乙 4 分钟/单位产品，求两人平均的生产单位产品所需的时间。

显然，工作效率既可以表述为单位时间生产的产品数，也可以表述为生产单位产品所需要的时间，它们互为倒数，但哪一个是正指标，哪一个是逆指标呢？判断其实很简单：具可加性的为正指标。若甲、乙同时工作，他们单位时间生产的产品数是各自产品数的和，即产品数/单位时间为正指标；而生产单位产品所需的时间则不能表达为时间的和，否则就会得出两人同时干所花时间还要更多的荒谬结论，它在概念上为逆指标。计算算数平均数时，数据必须是正指标，而计算调和平均数时，

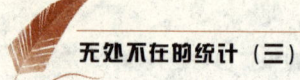

无处不在的统计（三）

数据则为逆指标。此例提供的数据是逆指标，要求的答案也是逆指标，但我们可以通过倒数关系得到正指标，再对正指标数据计算其算术平均数，最后再用一次倒数得到平均数的逆指标表达。那么，甲、乙两人单位时间生产的产品数量的算术平均数为 $\frac{1}{2}(\frac{1}{6}+\frac{1}{4})=\frac{5}{24}$（件），再用一次倒数关系可得到甲、乙两人平均的生产单位产品所需时间为 $1/\frac{5}{24}=\frac{24}{5}=4.8$（分钟）。

其实，调和平均数的应用范围较窄，一般限用于效率类数据。为了更好、更简单地理解调和平均数，可以把其计算公式 $\frac{1}{a}=\frac{1}{n}(\frac{1}{a_1}+\frac{1}{a_2}+\cdots+\frac{1}{a_n})$ 看作逆指标的算术平均数的计算公式，这样在实质上可认为调和平均数和算术平均数是一致的，只是有正指标和逆指标之分；或者可把调和平均数视为一种特殊的算术平均数，只不过是应逆指标而产生的一种数学处理方法。但正是这正指标和逆指标之分使得数值结果是不一样的，其规律是：调和平均数（≤几何平均数）≤算术平均数，如12是10和15的调和平均数时，而10和15的算术平均数是12.5。

作者简介：
邓卫平，就职于国家统计局核算司。

分之为资源　混之为垃圾
——浅谈统计分类及分组

王国钧/文

一则宣传垃圾分类回收的标语是：分之为资源，混之为垃圾，突出表现了垃圾分类的重要性。其实分类也是统计工作的基本前提，没有分类就没有统计。试想一头牛与一台电冰箱相加是没有任何意义的，其汇总数无异于垃圾。开展统计工作，首先就必须把经济社会现象的最基本单元如企业、自然人等进行分类，才可以按类计数并累计汇总。这样不仅可以反映统计对象的总量，使汇总的数据具有一定的意义，而且还可以反映总量内部各分组的情况，便于对其构成因素进行深入的分析。这样的统计资料才能成为信息资源。

"比较"是统计之母，也是进行分类的基本方法。在分类时，必须对两种或两种以上事物的异同或高下进行辨别，把具有某一相同特征的事物归入一类来统计，这便是统计分组。当然，在比较时要确定比较的基础对象，不能为了某种目的，偷换概念，用己之长比他人之短。就像那个民间笑话所表现的一样：一个寒门出身的县令才华横溢，其儿子不争气一事无成，但孙子却是很有建树，当县令批评其子不争气时，儿子居然反驳其父："你的父亲不如我的父亲，你的儿子不如我的儿子，你怎么还说我？"在这里就是偷换了比较的基础，这种比较除了逗人发笑以外没有其他任何意义。

在比较过程中，事物的特征就成为分类的唯一标准。

单个事物的特征在统计上称为统计标志，这种标志既有品质性的，如人的"男"和"女"的性别特征；也有数量性的，如人的年龄等用数量表现。把单个事物的标志进行汇总就可以得出这一类事物的指标值，如按照每个人的男和女的性别分别进行统计就可以汇总出一个地区男性人数和女性人数，从而形成一个地区人口统计的性别指标。简单的说，指标就是通过对统计总体每个单元的标志汇总而成的。为了规范事物的分类，在统计上，国家有关主管部门先后出台了如《国民经济行业分类》、《统计上大中小微型企业划分办法》等一系列的分类标准，对纷繁复杂的社会经济现象作了科学化、条理化和规范化的分类，为各类统计工作的有效科学开展建立了前提。

当然，事物的特征有时也不是很清晰的。有则笑话表现了这种情况：说蝙蝠既会飞也会爬，百鸟之王的凤凰过生日，蝙蝠居然不去朝拜，凤凰责怪它，它说它是走兽；当麒麟过生日，它仍然不去朝拜，麒麟责怪它，它说它是飞禽。在现实生活中，有些事物的分类也是模糊的，需要根据一定的目的进行人为界定。如美国就曾为西红柿究竟是水果还是蔬菜进行过争议，因为这关系到是按水果还是按蔬菜征税的问题。再比如随着第三

分之为资源 混之为垃圾——浅谈统计分类及分组

次工业革命浪潮的到来,产业边界越来越模糊,一个企业可能既有制造业、文化产业成分,还有贸易业成分,该如何归类,也是需要甄别的。在这里甄别的标准就是统计研究的目的。

分类最终是为统计分组服务的,其最终目的是要反映总体的内部构成、比例。设计统计分组指标,一定要注意科学性,要本着"穷尽性"和"互斥性"的原则开展。所谓"穷尽性"就是这种分组要涵盖所研究总体的所有单位,不能有遗漏,如在对人按照学历进行分组时,必须要把所有学历情况涵盖到位,使每一个人都能处在所设计的某一组之中,如只分为小学、中学、大学、研究生,那么文盲就没有被归并的组了,应该再设置"文盲"或者"小学以下"的分组。所谓"互斥性"就是某一对象属于这一组就不能再属于其他组,如某人已经被统计到"大学"组,就不能再统计到"中学"这一组。

总之,在统计工作中,分类是分组的前提,而采用的基本方法就是依据事物的特征进行比较,无论是社会经济统计还是科技统计、自然统计等,均概莫能外,掌握了这一点,就掌握了统计的本质。

作者简介:

王国钧,江苏省南京市统计局副局长、高级统计师。

无处不在的统计（三）

走近 ICP

宋宝琳/文

我们通常所说的 ICP(International Comparison Program)，即国际比较项目，采用的是购买力平价理论方法进行比较。简单来说，就是在同一购买力水平上的比较。举个例子，A 国家的 GDP（国内生产总值）为 1000 亿美元，B 国家的 GDP（国内生产总值）为 5000 亿美元，选取 2000 多种代表规格品的价格资料进行加权平均，得到两国货币的国际比较资料。假设 A、B 两国购买一定数量和质量完全相同的商品，A 国需要花费 1000 亿美元，而 B 国需要花费 5000 亿美元。虽然两国在国内生产总值上的绝对倍差为 5 倍，但是从购买力平价角度说，两国毫无差距。

从 ICP 看中国经济发展

为了能够更加具体形象的解释 ICP，我们引入一个指标，

即购买力系数。如果对所有的商品都进行加权计算的话,处理起来比较费劲。因此,我们在探讨某一地区购买的商品时,可以用年度平均消费水平代替。假设在 A 城市生活的人,人均年度收入为 I,人均年度消费为 C,则购买力系数 $\eta=C/I$。通过这个计算,所得到的购买力系数一般介于 0~1 之间。用该地区平均消费水平除以每个家庭的收入水平,就能计算出每个家庭的购买能力。若购买力系数越大,则说明消费占家庭收入比重越大,其所具备的购买力水平较低;反之,若购买力系数越小,则说明消费占家庭收入比重越小,其所具备的购买力水平较高。以全国各省区市历年地区生产总值作为收入变量 I,以各省区市历年最终消费支出作为消费变量 C,再取各省区市购买力系数的均值作为我国当期的购买力系数。用此方法计算出我国 2006—2011 年的购买力系数,结果见表 1。

表 1　　　　2006—2011 年中国购买力系数

年份	2006	2007	2008	2009	2010	2011
购买力系数	0.525	0.523	0.497	0.498	0.484	0.479

由表 1 可知,中国的购买力系数有逐渐减小的趋势,说明我国的经济在逐步走向强大,政府、百姓手中的储蓄资产也在不断增加,人们潜在的购买能力在不断增强。

从 ICP 看贫富差距

购买力系数较大的地区对购买力系数较小的地区而言,居民的生活水平较低。某一地区由若干个单位组成,不同单位的购买力系数不同表示单位与单位之间存在贫富差距。为了反映这种差距性问题，我们采用一个指标来表示，即 ICP 贫富差异系数。ICP 贫富差异系数计算公式为：将历年各省市的购买力系数先取倒数，再计算取倒数之后的数列方差。方差越大，说明贫富差距越大，反之则越小。

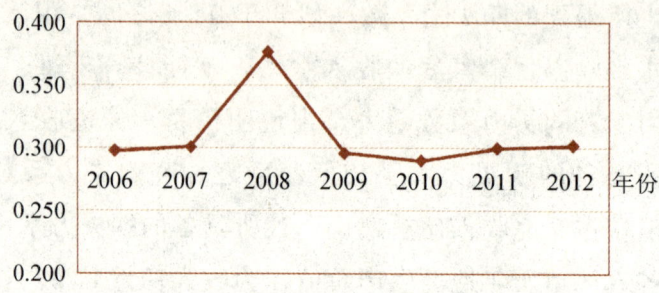

图 1　2006－2012 年中国 ICP 贫富差异系数

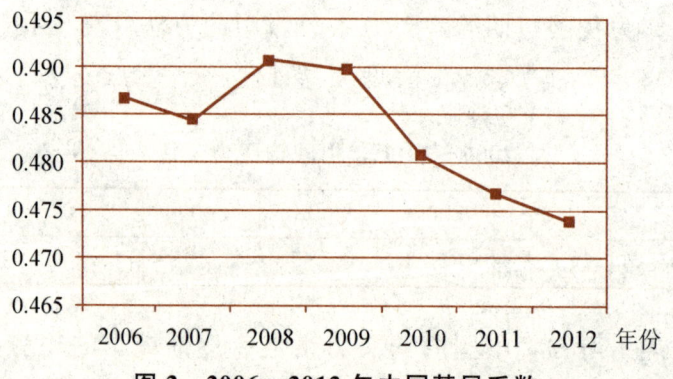

图 2　2006－2012 年中国基尼系数

通过计算 2006－2012 年中国 ICP 贫富差距系数和基尼系数可以看出，在 2008 年之前，ICP 贫富差异系数与基尼系数一样，都有一个整体的上升趋势。在 2008 年达到最高峰后，又逐步下降。由于 ICP 贫富差异系数剔除了货币购买力地区差异的影响，较基尼系数能够更好地反映出真实情况。

在购买力平价的理论上，可以将"富人"变为"穷人"，可以将"穷人"变为"富人"。假设 A 家庭一个月挣 10 万元，B

家庭一个月挣 2 万元。直观上，我们就会认为 A 家庭挣得多。可是我们不知道，A 家庭每个月要向银行还贷款 8 万元，家中还有重病的老人需要花费 1 万元照顾，日常消费 0.5 万元，实际 A 家庭只是挣 0.5 万元。若 B 家庭日常消费也只有 0.5 万元，净剩余 1.5 万元。从这个角度说，B 要比 A 富裕。这是我们都知道的事情，可是究其原因是什么呢？这里面就蕴含着购买力平价的思想。它可以从真正意义上挖掘出经济现象的本质问题。

ICP 在薪酬比较上的应用

人们常说，在北京一个月挣 10000 元，不如在中等城市挣 5000 元。我们显然知道，10000 元是大于 5000 元的，可是为什么不去挣 10000 元而要挣 5000 元呢？举个例子，我的一个同学在香港工作，一个月薪水大概是人民币 13000 元，工作一年后，他选择了在唐山工作，每个月大概人民币 5000 多元。虽然同学在香港挣的比较多，可是每个月要支付的房租就得 6000 多元，加上生活费的开支，入不敷出。而在唐山，他完全有能力购买到一处房子，并且在年末的时候还能有存款。这就是人们为什么不去繁华大都市挣高薪，而选择到中等城市挣较低薪的理由。不同城市的购买力水平不同，因此在考虑薪酬高低时一定要把购买力考虑进去。

这就是 ICP，它在我们身边，在我们的日常生活中，我们应该学会用 ICP 的思想客观分析身边的经济现象。

作者简介：

宋宝琳，河北大学经济学院应用统计专业硕士。

无处不在的统计（三）

此失业率非彼失业率

褚 光/文

众所周知，反映宏观经济运行情况的四大指标分别是经济增长率、失业率、物价上涨率、国际收支平衡状况，失业率指标的重要性可见一斑。失业率是指失业人口占劳动人口的比率（一定时期全部劳动人口中有工作意愿而仍未有工作的劳动力比率）。失业率增加是经济疲软的信号，可导致政府放松银根，刺激经济增长；相反失业率下降，将形成通货膨胀，央行将收紧银根，减少货币投放。它反映了一个国家或地区的失业状况，对政府准确判断就业形势，正确制定和调整就业政策，加强和改善宏观调控，推动实现更高质量的就业，具有十分重要的意义。

关心失业率问题的人们或许还记得，在 2008 年底至 2009 年初，中国社科院及人力资源和社会保障部分别发布的失业率统计数据因相差甚多引发争议，前者称中国城镇失业率攀升到

此失业率非彼失业率

了9.4%，后者则称2008年城镇登记失业率是4.2%。两个失业率数据为何相差如此之大？原来中国社科院及人力资源和社会保障部运用的统计方法不同，前者是通过调查失业率统计，而后者却沿用了登记失业率的统计方法，调查失业率和城镇登记失业率是两个不同的概念。

城镇登记失业率的由来和局限性

20世纪80年代初，我国开始建立登记失业制度，当时我国还处于计划经济体制下，称为"待业登记"，所有的城镇无业者都必须首先到劳动部门去登记，处于等待期的劳动者即登记为"待业"。90年代，随着经济社会的发展和变革，劳动用工制度也发生了重大变化，政府不再统一分配和安置工作，企业和劳动者开始进行双向选择，"待业登记"更名为"失业登记"，"城镇登记失业率"的概念也由此开始。城镇登记失业率，是指在报告期末城镇登记失业人数占期末城镇从业人员总数与期末实有城镇登记失业人数之和的比重。人力资源和社会保障部公布的数据显示：2012年年末，全国城镇登记失业率为4.1%。

一直以来，登记失业率与领取失业救济和低保补助密切相关，是直接为劳动力安置和分配工作岗位服务的。尽管后来延伸为开展就业培训、发放失业保险金等职能，登记失业率更多地仍是从社会保障角度出发，对城镇无业者提供帮助，与劳动保障部门的工作职能结合得更密切。所以，将它作为劳动力市场就业和失业形势判断的功能有其局限性，并且越来越暴露出一些问题。例如，仅以城镇户籍人口作为统计对象，因统计的年龄过窄，局限于行政登记行为，存在大量的隐性失业和隐性就业漏洞等。随着市场经济的发展，登记失业率的缺陷越来越明显，其结果很难反映整体失业状况，以此判断宏观经济运行情况，其效能大大下降。

调查失业率的优势及其未来

调查失业率是反映常住经济活动人口中，符合失业条件的人数占全部常住经济活动人口的比率。我国统计部门于1996年建立了劳动力调查制度，把就业调查纳入统计调查之中并成为其重要内容。该制度建立之初，就在就业、失业等指标定义上采用国际劳工组织的建议，确立了与国际通行做法接轨并兼顾中国国情的原则，把失业人员定义为：16周岁以上，有劳动能力，没有从事有收入的劳动，调查时点前一周社会劳动时间为零，并且在寻找工作的人员。在调查中，国家统计局调查的失业率以地域为准，打破了户口限定，外地来本地人员、农村人口进入本地城镇人员都在统计范围之内，显然较劳动部门的城镇登记失业率更全面。

根据2004年国务院办公厅下发的《关于建立劳动力调查制

此失业率非彼失业率

度的通知》，国家统计局已经从 2005 年起正式建立我国劳动力的调查制度，并开始做调查失业率的试点。在"十二五"期间，我国将正式实施调查失业率，这表明我国已经为失业率统计的改革指明了正确方向。2013 年年初，国家统计局扩大大城市月度劳动力调查范围，江苏省更是在全省范围内实施月度劳动力调查工作，这些工作的推进和落实将为调查失业率数据的取得奠定基础。从登记失业率到调查失业率的转变，再到调查失业率的及早实施和数据公布，都将是统计事业的进步，必将对我国社会的进步产生积极意义。

作者简介：

褚光，就职于江苏省连云港市连云区统计局。

无处不在的统计(三)

回归分析方法你用对了吗

孙娜娜/文

在一家调查公司工作的朋友曾经问过我一个问题,让我至今记忆犹新。他说,他们当时正在给一家公司做汽车销售满意度方面的调查,通过调查得到大概20多个变量的满意度得分,想通过建立统计模型确定各个满意度的权重。他们公司的做法是:根据这些数据建立多元线性回归模型,将各变量的回归系数作为权重。但是在建立模型过程中,他们遇到这样的问题不能解决:变量之间存在严重的多重共线性,导致许多变量系数为负数,与实际不符,可是这些数据是公司花了几千万元获得的,又不能删除,能使用什么方法对模型进行调整,使其符合实际呢?而且他跟我说,目前许多世界著名机构也是用这种方法确定权重的。面对这位朋友的疑问,我一言难尽。

谈及统计方法,大多数学过统计或经济的人首先想到的、用得最多的应该就是线性回归分析。回归分析,是用来研究一

个变量（被解释变量）对另一个或多个变量（解释变量）之间的依赖关系。该方法试图通过建立模型，寻找数据内部规律，并通过给定的解释变量预测被解释变量，是目前应用最广泛也是最为基础的一种分析工具。它可以通过 Eviews、SPSS 等统计软件、OFFICE 办公软件进行模型的估计，操作简便，结果易于观察和分析，因此许多调查公司、许多统计学、经济学等专家都非常乐于使用线性回归方法。甚至有的时候在没有充分考虑变量个数、变量类型、变量关系、变量限制条件的情况下就直接使用该方法，而这种情况下只要有足够数据，统计软件仍然可以输出估计结果。如果结果正好与使用者期望的一样，那么使用者就很有可能直接"拿去用"，学过统计学的人可能还会做计量检验，如果通过检验，则会更加肯定得到的结果，如果没有通过检验就会试图寻找各种方法消除，正如我的那位朋友所做的。那么，假如通过一定方法使模型通过检验，得到的结论就可靠吗？答案是否定的。其原因是多方面的，但变量的选取、使用方法是否正确等都是非常重要的原因。这里主要针对线性回归方法进行说明。

　　统计方法并非万能的，任何统计方法都有一定的前提条件，线性回归方法也不例外。因此清楚其前提条件对使用者来说是非常重要的。主要包括：①解释变量是非随机或固定的（同一数据不会因为重复抽样而变化）；②随机误差项（模型中解释变量以外的部分）相互独立，且服从期望值为零、固定标准差的正态分布；③解释变量与随机误差项之间不相关；④解释变量之间互不相关；⑤回归模型的设定是正确的；⑥解释变量之间不存在严格的线性关系。利用各种统计软件对模型估计的结果，是通过严谨的数学计算得到的，然而在实际生活中，一些假设条件往往得不到满足，这时如果仍然用这些结果进行分析就会出现各种问题，估计结果也毫无价值。常见的情况主要有以下几种。

一是非因果关系。回归分析是用来处理一个变量与另一个或多个变量之间的关系，其中解释变量是原因，被解释变量是结果。但如果把两个或者几个互不相关的变量做回归分析，也有可能通过各种检验，并且得到的结果非常漂亮，但此时建立的模型毫无意义。因此，在针对相应问题选取影响因素时要以一定的实践经验和相关理论为基础。在分析方法上，可以借助格兰杰因果关系检验（Granger test of causality）方法检验是否存在因果关系。

二是异方差和自相关。在许多应用线性回归方法的文章中，大部分都只是给出了参数估计结果、参数的显著性检验结果和拟合优度检验结果，并不会考察模型可能存在的异方差和自相关问题。但是在利用时间序列数据或截面数据进行回归时，很有可能存在异方差（随机误差项的标准差为非固定值）、自相关（随机误差项之间不相互独立），这可以说是最常见的回归分析的误用。

引起异方差的原因主要有：一方面遗漏重要变量造成，遗漏的变量包含在残差项中，当其与其他解释变量有相关关系时，就会引起异方差；另一方面采用截面数据时，由于不同样本点上解释变量以外的其他因素差异性大造成。引起自相关的原因主要有：第一，数据固有的惯性和滞后效应造成，尤其是采用时间序列数据时，变量在时间上的惯性往往是造成自相关的主要原因；第二，遗漏重要变量造成，遗漏变量在不同时间点上的相关造成残差项的自相关；第三，由生成数据造成，在实际问题中,一些数据是由已知数据生成的,新数据与原始数据之间就很有可能表现出序列相关性。因此,在建立模型之前,需要熟悉数据类型,抓住重点,对后面建立的模型有针对性的进行检验,保证模型的有效性。

三是大量解释变量。线性回归分析方法在实际应用中,一种非常普遍的错误做法就是:不管解释变量个数多少,先建立多元线性回归方程,直接进行估计。这就会造成严重的多重共线性(解释变量之间相关度非常高,违背解释变量之间互不相关的假设条件)。由于实际中各因素之间往往存在很强的共同趋势,比如在经济繁荣时,收入、消费、投资、价格都趋于增长,而在经济衰退时,又都趋于下降。因此,在建立模型时解释变量和被解释变量、解释变量之间就会由于其他某种因素的影响,造成模型估计失效。有时可以通过剔除变量、差分法(一般认为增量之间的线性关系要远比总量之间的线性关系弱)等消除。但有时变量过多,比如达到十几个变量时,就会出现许多估计结果难以解释的情况。当变量不是很多时,可以逐一删除不显著变量,反复试验,直到通过检验;但是当变量非常多时,逐一删除变量的方法可能会删除重要变量,或者变量不能删除时,就需要改用其他方法,比如主成分分析、因子分析等。理论上对多个解释变量进行回归分析是可行的,但根据实际经验,在进行经济问题分析时,解释变量个数一般不要超过3个。

四是用系数表示权重。在线性回归方程中,各变量的估计系数代表该解释变量变化一定程度引起的被解释变量的变化程度。在一元回归中,用估计系数表示二者之间的相关系数是可以的,但是有多个变量时,由于建立的模型本身就存在误差,以此为基础确定的权重就会不准确。这也正是我的那位朋友面临的问题：模型解释变量之间存在严重的多重共线性，又不能通过减少变量消除共线性，如何解决该问题正是令他头疼的问题。此时，他如果采用主成分分析、因子分析、专家赋权、层次分析法（AHP）等方法，应该能够很容易解决问题。但是，面对如此多的变量，他不断试图运用各种方法对多元线性回归模型进行修正，我不得不表达对他这种钻研精神的敬佩。但这位朋友的困境也警示我们选对正确的分析方法是多么重要。

五是长期稳定趋势。建立经典回归模型时变量数据需要是平稳的数据序列，非平稳序列不能使用经典回归模型，否则会出现虚假回归现象。但现实中许多变量又往往是非平稳的，如果对于非平稳数据直接建立模型，其结果就不可信。这就给经典回归分析方法造成很大的限制。如果利用差分法把非平稳数据序列变为平稳数据，会丢失一定的信息，影响分析结果，达不到预期分析目标。这种情况下，可以首先对所有变量进行协整检验，检验变量间是否存在协整关系。如果存在协整关系，则可以直接建立模型，而不需要对数据进行处理，模型分析结果也就具有较强的可信度。那什么是协整？为什么进行协整检验呢？

通俗地讲，协整关系就是指变量之间存在长期稳定的均衡关系。如果几个非平稳的变量序列具有协整关系，则它们建立的回归模型就具有长期稳定的变化趋势，以此建立的模型分析结果也更具有说服力。例如从长期看，消费与收入之间存在一定均衡比例，虽然这个关系有时会偏离这个比例，但这种偏离只是随机的、暂时的，则消费与收入的这种关系就是协整关系。

此外，在做回归分析时，异常点影响、解释变量与被解释变量之间是不是等式关系等，都是要注意的问题。而且，实际

生活中,很多经济现象极其复杂,各因素之间不是单一线性方程所能描述的简单的单向因果关系,而是相互依赖、互为因果的;或者有些现象需要综合考虑横向和纵向数据的变化情况,这就需要借助更复杂的统计分析方法,如联立方程、面板数据模型等,都是使用频率越来越高的方法。总之,在用统计模型解释实际问题时,要明确研究目的、采用适当统计方法、重视定性与定量分析相结合、数据统计方法的前提条件和检验,最终解决实际问题。

作者简介:

孙娜娜,就职于国家统计局统计科学研究所。

无处不在的统计（三）

完全需要系数定额的"巨大威力"

宋 辉/文

投入产出分析是研究国民经济各部门、各产品之间投入与产出数量依存关系的方法，由美国哈佛大学列昂惕夫教授于20世纪30年代提出。投入产出分析包括编制投入产出表、计算投入产出系数定额和模型应用等内容。投入产出表不仅是我国国民经济核算重要组成部分，也是进行国民经济宏观调控的重要工具，其中最核心的基础工作是编制投入产出表。从1987年开始，我国每5年要编制一次投入产出表。通过投入产出表就可以计算完全需要系数定额。

完全需要系数定额的作用

国民经济各部门之间除了直接联系之外，还存在多层次的间接联系。就生产过程而言，一个部门除了直接消耗某一部门完全需要系数定额的"巨大威力"

的中间产品之外，还会通过其他部门间接地消耗另一部门的产品。完全消耗系数则是这种直接、间接联系的全面反映。下面通过图1来具体解释各种间接消耗关系的含义。

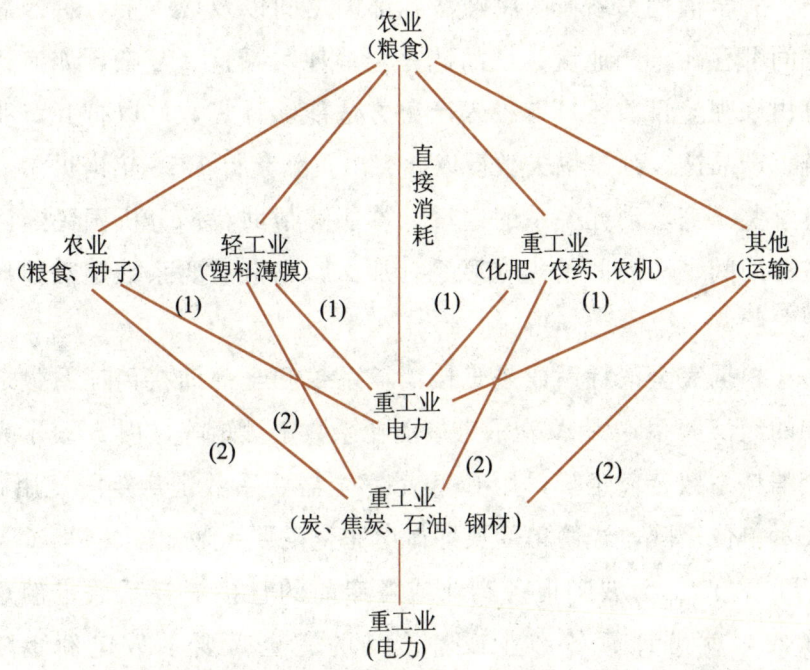

注：(1) 表示农业对电力的一次间接消耗。(2) 表示农业对电力的二次间接消耗

图1　农业对电力的完全消耗示意图

图1表明农业生产需要直接消耗电力，同时也要直接消耗粮食、种子、塑料薄膜、化肥、农机和运输工具等产品；而生产这些产品也要消耗电力，因此通过塑料薄膜、化肥、农机和运输工具等对电力的直接消耗，形成农业对重工业（电力）的一次间接消耗。同样，在生产塑料薄膜、化肥、农药、农机设备时，除了直接消耗电力外，还要直接消耗煤、焦炭、石油、钢材等产品，它们在生产过程中同样还要消耗电力，这里对于农业设备来说是对电力的一次间接消耗，而对农业生产来说，

143

则是二次间接消耗。依次类推，还有农业对电力的三次间接消耗、四次间接消耗、五次间接消耗等各次间接消耗，所有直接消耗与各种间接消耗才形成完全消耗。

完全消耗关系在国民经济各部门之间以及成千上万种产品之间都存在，产业链、产品链完全消耗关系这么复杂，如何计算出来呢？目前还只有投入产出方法能够计算，可以打开产业链、产品链。列昂惕夫教授以此突出贡献获得1973年诺贝尔经济学奖。完全消耗关系的定量计算能够帮助我们分析国民经济各部门间、产品间的内在联系。那么，完全需要系数定额如何得出呢？

根据完全消耗系数是直接消耗系数和全部间接消耗系数之和的经济关系，用 A 表示直接消耗系数定额矩阵，用 B 表示完全消耗系数定额矩阵，用 C 表示完全需要系数定额矩阵，用 I 表示单位矩阵，经简单变换即得出完全需要系数定额矩阵：$C = (I-A)^{-1}$。只要知道各产业或各产品的直接消耗系数定额矩阵 A，就可计算各产业或各产品的完全需要系数定额矩阵 $(I-A)^{-1}$，而计算直接消耗系数定额是非常方便的。完全需要系数也称为列昂惕夫逆系数，实际上是一种定额系数，它表示某产品 j 生产单位最终产品对产品 i 的完全需要量。那么，你可能要问：完全需要系数与完全消耗系数是什么关系呢？从数学上说就相差一个单位矩阵 I，即完全消耗系数定额矩阵 $B = (I-A)^{-1} - I$，完全消耗系数定额表示某产品 j 生产单位最终产品对产品 i 的完全消耗量。完全需要系数的完全需要量比完全消耗系数的完全消耗量多出了包括最终产品自身的需要量 I，它既包括对中间产品的需求，又包括对最终产品自身的需求，是对总产品的完全需要，是连结最终产品与总产品的纽带，也是连结产品成本与价格计算的桥梁。所以，在实际进行投入产出分析时一般都采用完全需要系数定额矩阵 $(I-A)^{-1}$，它的用处非常广泛，作用可谓"巨大"。

完全需要系数定额的"巨大威力"

我们知道工业企业要生产许多产品，传统的核算方法一般仅能计算最终产品的价格，对于中间产品仅计算成本，而且误差较大。通过编制企业投入产出表，得到直接消耗系数定额，进而得出完全需要系数定额。利用计算机就可以一次性的将企业全部的产品成本和价格科学的计算出来，如将计算出的价格和市场交易价格进行对比，可用来解决企业产品是否继续生产的决策问题，实现企业增加产品效益和减少产品亏损的目的。这对于企业开展产品成本、盈利分析，进行产品投产决策、提高产品竞争力意义重大。

当然，计算出来的企业产品价格是出厂价格，也是企业真实的出厂价格。因为，计算完全需要系数定额的基础是企业产品之间的直接消耗系数定额，它是企业产品生产加工中实际发生的消耗水平。各项费用的投入也是企业为生产产品所进行的实际支出。因此，按照完全需要系数定额计算所得的价格水平是科学合理的。而且，在这些计算产品的成本与价格中，不管是在本企业完成全部加工过程的产成品，还是被消耗的半成品，都作为了成本核算和产品定价的对象，能够建立和完善企业的定额管理体系。在实际大型企业中，生产的产品可达几十、几百种，成本与价格构成费用部分根据需要可进行比较细的分类。通过计算能够得到每种半成品和产成品的详细定额数据。而且，只要总量发生变动，都可计算出一整套新的定额系数，这对于统一和协调定额种类，加强企业各项定额的考核以及实行全面系统的经济核算都是有利的。

不仅如此，企业生产各种半成品和产成品的成本与价格是经常变化的。一方面受客观环境如市场价格变动影响，另一方面受企业内部管理水平变化的影响。当由于市场原因企业产品投入的原材料费用发生变化，内部原因职工工资发生变化，还有国家税率调整等，利用完全需要系数定额还可以快捷的对企业全部的产品成本和价格进行预测。可见，有了完全需要系数定额，我们能够比较系统地研究企业生产产品在面对市场多变，主、客观单因素和多因素影响的条件下，适时的进行产品投产和成本、价格等方面的核算与决策，为提高企业产品在市场中的应变能力提供一种实用途径。难怪有人对完全需要系数定额产生莫大兴趣，还研究出工业企业通用成本价格核算方法。因为，工业企业产品成本和价格的核算方法就是其产品直接消耗构成项目的费用与其完全需要系数定额乘积的结果。

完全需要系数定额可谓威力无比。不仅能够计算和预测企业产品的成本和价格，还能够制定企业产品的生产经营计划；不仅能够计算国民经济各产业的协调发展计划，还能够计算国民经济各产业的平均价格。它是衡量某产业地位和作用的影响力系数和感应度系数的计算基础，还有助于研究生态足迹跟踪，经济、能源、环境之间的关联，某项投资对经济发展产生的影响，大气污染带来的环境影响等。

作者简介：

宋辉，河北省统计局统计科学研究所所长，管理学博士，研究员。